地域とともに未来をひらく

お寺という場のつくりかた

松本紹圭・遠藤卓也　著

学芸出版社

はじめに

出家とは何か

古い映画にお坊さんが登場すると、ハッとします。他の出演者と比べて、妙に今っぽいのです。なぜかといえば、お坊さんの格好だけ、今も昔も丸坊主で、法衣や作務衣に雪駄。身につけているものが変わらないから、外見からは時代の変化が全く感じられません。建物にしてもそうですね。どんなに街の風景が変わっても、お寺の境内だけは昔のまま。時代劇のロケでお寺が使われることも多いです。

しかし、だからと言って、僧侶やお寺のあり方が昔のままでいいということにはならないでしょう。いえ、もちろん長い時間をかけて大切にされてきた信仰や文化は、変わらず未来へ継承されることに大きな価値がありますから、できるだけそのまま保てるよう努力したいところです。しかし、『出家とは何か』(佐々木閑著)にもあるように、出家は世捨て人とは違います。出家とは、ただ既存の社会の外に出るのではありません。俗世間の価値観を拒否した人たちが社会と緊密な関係を保ちながら外に居り、なおかつ社会にもインパクトを与えてこそ、出家なのです。

申し遅れました。私は松本紹圭と申します。一七年前に新卒で仏門へ入り、以来、僧侶として様々な活動をしてきました。塾長として二〇一二年に開講した「未来の住職塾」には、これまでに六〇〇名を超えるお寺の方々にご参加いただき、宗派の壁によって分断されがちな伝統仏教界に横串を通す、これからの仏教を担うリーダーたちのコミュニティが生まれています。その後、未来の住職塾はネクストフェーズへと入り、お寺の外の資源ともつながりながら、社会へのインパクトを高めています。

代々受け継がれてきた歴史や文化を守り、次の世代へとつなげる。日本の社会においてこれまでお寺は、歴史を守る場としての自覚はあれど、未来を創る場としての自覚は薄かったかもしれません。しかしまさにその歴史や文化に目を向ければ、お寺ほど息長く続く場・組織は、他にありません。言いかえれば、過去から現在、そして未来へと連綿と続く歴史や文化の軸となり、仏の眼差しの前でそれぞれの立場を超えて心を自由に開放し、未来を作る場としての可能性が、お寺には秘められています。コンビニの数より多いと言われる日本の七万のお寺が、現代の人のこころを支える機能を果たせば、世界はもっと元気になるに違いありません。

中道を歩もう

お寺を取り巻く外部環境は大きく変化し、それとともに人々の悩みや苦しみの内容も変わっていきます。かつては金や石油を掘る人が開拓者でしたが、今はデータを掘る人が時代の先端と言われます。ＡＩ、ビッグデータ、サーキュラーエコノミー。どんどん新しいキーワードが生まれ、これから想像もつかない世界が開拓されていきます。大切なのは、時代の変化に対応しながらもとらわれることなく日々を暮らし、周囲の人々の良き縁となること。

私は世の中の動きを見つめるとき、いつも「中道」という言葉を思い出します。いうまでもなく、仏教の基本に据えられる考え方です。釈尊は、いたずらに苦しい方向へ進むのでもなく、かといって快楽主義に走るのでもなく、極端によらず真ん中の道を行くことを勧められました。釈尊自身が、二九歳で出家して、六年間の厳しい苦行を経た後に、苦行を捨てて悟りを開かれました。極端な方向に偏っていたときには得られなかったものが、中道に身を置くことで得られたといいます。

かつて私が仏教を学び始めた頃、中道という考え方があまりしっくりきませんでした。「仏道なんだから、悟りの道をもっと明快に説いてほしい」と感じていたのかもしれません。「極端を避けて、真ん中の道を行け」ですから。でも、もう少し仏教を知り、もう少し人生の迷いが深まるようになると、だんだんと中道の大切さが知れるようになってきました。「極端な道」は、自分の頭の中で整理がつきやすいし、他人にもわかりやすく、響きもカッコいい感じがするのですが、それは「安易な道」でもあります。「これだ」と決めてしまえば、その時は気持ちが楽になるかもしれませんが、現実は常に揺れ動き変化しているので、決めた瞬間から必ずズレ始めます。

一方「真ん中の道を行く」というと、一見簡単そうですが、実際はとても難しい。たとえば、A地点とB地点が決まっているなら、その中間地点を指差すのは簡単かもしれませんが、現実には私たちは果てのない宇宙の中、中心のない世界地図の上で、定まることのない我が身を生きていきます。刻々と変化する社会という多面体の真ん中は、常に揺れ動いていますし、はっきりと指し示すことができません。中道を歩むことは、終わりのない旅です。

方便力を高めること

お寺の強みは「つながり」だと思います。神仏や聖地とのつながり、遠い過去から現在までの先人や歴史とのつながり、そして同時代を生きる人々とのつながりです。その強みをさらに強化するためには、とにかく積み重ねることが大事です。何かまったく新しいことに取り組むとか、物量戦で勝負するとかは、お寺には向いていません。先人たちの厳しい歴史的検証に耐え抜いて今まで受け継がれてきた大切なものを、できるだけ形を変えずに続けていくことが、そのままお寺の強みになります。これだけ変化の早く激しい時代です。どんどん変わっていく景色、何が当たり前なのかわからなくなる中で、「変わらず続いている当たり前の日々の暮らしや習慣」を保つことができたら、それが何よりの財産になります。

私は、布教伝道とは、伝えることではなく、つながることであると捉えています。伝えることを意識しすぎると、上から目線の教化意識が強くなったり、結果を出すことを急いでしまい、ときに大切なつながりを断ち切ってしまうことになるからです。人の人生には山あり谷あり。同じ人でもその価値観や感覚は、年齢や人生のタイミングによって変わっていくものですし、同じものでも、欲しい時と欲しくない時、受け入れられる時と受け入れられない時があります。布教伝道といって、いきなりゴールに向かって一直線に走らなくても、焦らずじっくりパス回しをして、つなぎ続ける余裕が必要だと思います。

では、今までのことをただ繰り返していれば、つながれるのでしょうか？　そう簡単ではありません。必要なのは、大切に継承してきたものに、新たな角度から光を当てること。例えば、テンプルモーニングという活動。呼び方こそカタカナですが、やっていることは、皆で朝にお寺に集まって、お経を読み、掃除をして、お茶を飲んでおしゃべりすること。全てがお寺のごく普通の営みであり、何も新しいことはしていません。しかし、ちょっと違った角度から光を当てるだけで、そのまま新鮮な気持ちで興味を持ってもらえるのです。そのような光の当て方の創造性は、現代の僧侶として発揮したい「方便力」と表現してもいいでしょう。

本書は、お寺という船の航海に関わるあらゆる人にとって、一つの羅針盤となることを願って書きました。今後、お寺を取り巻く環境がどのように変化するのかフレームワークとともに示した上で、それに対して実際の現場でどのような舵取りができるのか参考になる事例を紹介していきます。お寺によって強みや外部環境が全く違いますので、事例の上辺だけを見て自坊に当てはめても、おそらくうまくはいきません。事例の参照は、お寺ひとつひとつの個性に合った唯一無二の事業計画書を書き上げるプロセスの中で大きな力を発揮するということを、未来の住職塾でも実感します。

あなたの大切なお寺が、みんなの大切なお寺になるよう、本書がお役に立てば幸いです。

松本紹圭

目次

第1部

お寺という場の可能性

松本紹圭

1 今、仏教に起こっていること──「お寺離れ」と「仏教ブーム」

「お寺離れ」──家族という長編物語の終焉

現在、日本仏教を取り巻く出来事として、大きく二つのことが挙げられます。

一つは「お寺離れ」です。テレビや雑誌で「お寺離れ」という言葉を目にしたことのある方は少なくないでしょう。では一体、何をもって「お寺離れ」と言うのでしょうか。必ずと言っていいほど合わせて取り上げられるキーワードとしては、「墓じまい」があります。昔は三角形だった人口ピラミッドの形が、今はどちらかというと逆三角形に近づいています。高齢者が増えて子どもが少なくなれば、社会保障負担としては一人の若者がたくさんのお年寄りを支えなければいけなくなることは、間違いありません。お墓についても同じことが言えます。一人あたりの相続しなければいけないお墓の数が増え、このままでは守りきれないという声が増えています。仏壇も同様です。「うちに仏壇が三つあるのですが、どうしたらよいでしょうか。私の実家からきた仏壇と、夫の実家からきたものと、一人身の叔父の方からもきまして、しかもすべて宗派が別なんです」というような相談を受けることは珍しくありません。埋葬形態もいわゆる永代供養墓の求めが増え、樹木葬や宇宙葬など、さまざまな形が出てきています。一方、菩提寺と檀家という関係性のあり方を避けたい人のニーズから、僧侶派遣の事業者は今や数え切れないほどです。「お寺とのお付き合いが煩わしい」「とにかくその場だけお坊さんの格好した人が来てくれればそれでいい」という感覚の人が確実にいらっしゃるということであり、そう思わせてしまったお寺のこれまでのあり方に課題があったことは確かです。家族葬や直葬など、葬儀への参列者の減少、儀礼の簡略化が進み、僧侶が呼ばれない葬儀も増えています。

現実問題として、今までの「家」という単位で祭祀を受け継いでいくことが難しくなってきています。本来、葬儀や法事や墓参りは、亡き人へ心静かに自分の気持ちを向けて行うものですが、それが悩みや負担になってしまって十分に気持ちが向けられないのは悲しいことです。「家」という先祖代々紡がれてきた「長編物語」が続かなくなってしまい、自分一代限りの「短編物語」へと価値観が変化する中で、供養の仕方も変わってきたということでしょう。現代人の価値観や行動様式に合わせて、お寺も変わる必要がありそうです。

世界規模の仏教ブーム、マインドフルネス

ところで、面白いことに、もう一方で「仏教ブーム」が起こっています。不思議だと思いま

せんか？「お寺離れ」がありながら、もう一つ起こっていることは「仏教ブーム」。この相反する流れを日本のお寺としてどう受け止めていけばよいのでしょうか。

仏教はこの二〇年ほどずっとブームと言われていますので、その表現は今に始まったことではありません。昨今のマインドフルネスなどの流れを見ていると、同じ「仏教ブーム」でも、中身が少しずつ進化しながら継続しているのだと思います。

例えば、坐禅や瞑想の会に参加する人が増え、仏教系の自己啓発本が売れ、期間限定の御朱印が予約待ちの状態となり、ミュージアムで仏像展が開催されれば「仏教女子」たちの行列ができます。坊主バーやお寺カフェには多くの人が集い、まさしく「仏教ブーム」といった光景がメディアに取り上げられる機会が増えてきました。

日本にいると「仏教ブーム」がじわじわと続いているような気がしますが、ここ二〇年ほどの変化として大きいのは、世界での仏教への注目と日本のそれが接続しつつあることではないでしょうか。マインドフルネスは、接続点の一つです。マインドフルネスの考え方の本質は、元々仏教が伝えてきたことのエッセンスを凝縮したものと言ってもいいでしょう。仏教を宗教の一つと捉えてしまうと、たちまち「政教分離すべし」となって教育の現場などにおいて取り上げられなくなってしまいます。ならば、仏教から宗教の色を抜いてしまって、中身だけ学ぼうというのが、マインドフルネスの一側面であり、人類の叡智から現代人が学ぶアプローチと

禅とマインドフルネスの国際カンファレンス「Zen 2.0」

して広がりを見せています。例えば、アメリカでは公立の小学校でもマインドフルネスを取り入れているところがあるそうです。放っておくと授業中にお菓子やジュースを飲食して教室を歩き回るなど、まるで落ち着きがない子どもたち。そこで、短時間のマインドフルネス瞑想を取り入れて、皆が少し静かに心落ち着ける時間を持たせたわけです。何回か試しながら取り入れてみたところ、皆の落ち着きが高まり、生徒たちの成績が上がったとニュースで報じられていました。企業でもマインドフルネスに関するセミナーは人気で、東京ではビジネスパーソン向けに一日数万円以上するものもあります。お寺の無料坐禅会と見た目には似ていますが、受講者にとっては異なる価値が提供されているのでしょう。

世界の「若手リーダー」たちの宗教観

私は世界経済フォーラム（通称・ダボス会議）の若手リーダーが集うコミュニティのメンバーとして、様々な分野の若手のリーダーたちが集まる勉強会に参加します。そんな機会をいただいた時、私はできるだけ各国の若手リーダーたちに宗教に関して質問をします。アジアの人、中東の人、アフリカの人、ヨーロッパの人、アメリカ大陸の人。世界各地の人々がどんな暮らしをしているのか、どんな価値観を持っているのか、そしてどのように宗教と関わっているのかに、興味が沸きます。

日本では「お寺離れ」と言われますが、欧米でも若者の「教会離れ」が激しいと言われています。イギリスで現在、何の宗教も信じていないという無宗教者の割合が、人口の半数以上に達したとも言われます。イスラム教でも同じような事が起こっている、と言い切ってしまうのは乱暴ですが、少なくとも私がそのようなコミュニティで出会う人たちは、たとえ国籍がイスラム文化圏の国であっても、世界を飛び回って行動しているため、特定の宗教に強くは浸かっていないのですね。むしろ自分を「縛る」ものから離れたいという気持ちが強いように見えました。面白いのが、その人の属する文化圏にかかわらず「私は全然宗教を実践していないのだけれど、スピリチュアリティ（霊性）を大事にしている。心を豊かに保ち、心を養う・耕すこと

「世界経済フォーラム」の若手リーダーたち

は大事にしています」と言うことです。

アメリカの宗教に関する研究所がアメリカ人を対象に行ったリサーチでも、二〇一二年から二〇一七年の五年間で、"Spiritual but not religious（精神性は大事にするけど、宗教熱心ではない）" と回答する人が、一九ポイントから二七ポイントへ上昇したという結果が出ています。

宗教に対しては距離を置きたいけれど、自分の心は大事にしていて、整えていきたいと思っている人が増えているのは、私の友人たちとの交流経験からも実感するところです。さらに興味深いことには、彼らはことごとく「だから、仏教のことを教えてほしい」と言うのです。

仏教は宗教じゃない？——ロンドン仏教センターでの気付き

宗教熱心ではないけれど、精神性は大事にしている。だから、仏教のことを教えてほしい。このように言う人は、いったい仏教をどのように捉えているのでしょうか。

個人的なエピソードを紹介します。二〇一八年の夏、ロンドンにある「仏教センター」に立ち寄る機会がありました。特定の宗派組織による運営ではなく、仏教を拠り所とする市民によって設立された、五〇年ほどの歴史を持つ非営利組織です。私はそこへ通う人たちに何人かインタビューをさせてもらいました。一人の四〇代の女性に「あなたの宗教は何ですか？」と質問すると「家の宗教はキリスト教です」と答えました。結婚式やお葬式など家族の大きな儀式はキリスト教の教会でやるけれど、週末のミサに通うような熱心さではないとのこと。「では、あなた自身の宗教は何ですか？」と聞くと「いや、私個人は特に宗教はありません」と言います。「でも、こうして仏教センターに来ていますよね。仏教徒になろうと思いますか？」と重ねて聞くと、「全然そんなことは考えていませんよ。だって仏教は宗教じゃないもの」とその方ははっきり答えました。なるほど、そういう感覚なのかと、私は軽くショックを受けつつ、「では、あなたにとって仏教とは何ですか？」と聞くと「私にとって仏教は、哲学であり、価値観であり、実践であり、文化であり、そして生き方である」と言ったのです。

ロンドン仏教センターにて

確かに、家の宗教はその土地に根ざした文化として大事にはしますが、個人としては、特定の宗教（団体）とは関係なく、自分の人生をより豊かにする「生き方」を学びたいということであり、その視線の先に仏教というものを見ているんですね。この傾向は海外だけに見られるものでなく、日本の特に若い世代にも似た状況があると感じます。そのような意味で「仏教ブーム」と「お寺離れ」が同時に成り立つのです。

ポストレリジョンの時代

宗教という日本語は、もともとReligion（レリジョン）という言葉を明治期に訳したものです。レリジョンの語源を調べてみると「固く縛る・結ぶ」という意味を持つようです。

それ以前の神仏習合的な時代においては、恐らく日本人は「私の信仰は神道ですから、神様しか信じません」とか「私の信仰は仏教ですから、お寺以外にはお参りしません」というような排他的な精神性はなく、神も仏も大事にしていたはずです。今でこそ「信仰」といえば、何か一つを選ばなければならないものというニュアンスが強いですが、その当時の信仰は必ずしも「固く結ばれるもの」ではなかったのです。

ところが明治になってレリジョン＝宗教という概念が入ってきました。それまで「仏道」や「仏法」と呼び慣わしてきたものが「仏教」という、キリスト教やイスラム教などと並ぶものとして、宗教のカテゴリーに入ってしまいました。日本ではお寺や神社は現在、宗教法人という法人格を与えられており、法人の枠組みとしても宗教におさまっています。そのため、かえって海外の人たちの方が、宗教として捉えることなく新鮮な目で「仏道」に出会いやすいという、不思議なねじれ現象が起きているのです。

もちろん、レリジョンの「固く縛る」機能が人や社会に必要な側面もあります。神や仏といった超越的な存在を中心に据える共同体と固く結ばれることによって、安心できる自分の居場所ができ、存在の基盤が得られることはあるでしょう。日本で高度経済成長期に新宗教が勢力を伸ばしてきたのも、そのような機能を発揮する、ある種の共同組合的な存在価値があったからです。社会基盤が未だ十分に整わず、宗教の「固く縛る」紐帯機能が重要な段階にある国や地域においては、宗教が存在感を発揮します。例えば、政情が不安定で、自分や家族の生存が日々脅かされているような状態では、個人の心の安寧を求めて坐禅や瞑想に行く前に、まず何かの強い共同体に属して安全・安心を確保することが優先されるからです。

一方で、先進国の現状を見ると、特に都市部では最低限の社会基盤は整い、相対的貧困はあれども、多くの人は生命を脅かされることなく生活ができています。「マズローの五段階欲求説」でいえば、下層の欲求は満たされている状態です。しかし「自己実現」や「自己超越」といった上層の欲求は、満たされず悩んでいる人が少なくありません。そこにおいては、宗教の「固く縛る」機能ではなく、「哲学であり、価値観であり、実践であり、文化であり、そして生き方である」ような、いわば宗教の「叡智（Wisdom）」が求められています。「叡智」といえば、アメリカでは「Wisdom 2.0」というイベントが開催されています。登壇者の中には僧侶の姿も見られますが、それは「宗教家」というよりも、みんなの心を耕す「叡智」に通じ、日常生活に活かせる具体的な方法を指導してくれる「ティーチャー」として登壇しているようです。

社会が成熟し、開発が行き着くところまで進行して都市化が十分に進むと、人々の生き方が個人化してきます。すると段々と「固く縛る」宗教の役目は求められなくなり、「叡智」へと求めるものが変わっていくのです。私はその感覚の変化の流れを「宗教のその先＝ポストレリジョン」と呼んでいます。

そのような時代の流れに対して日本仏教が対応できているかといえば、ほとんどできていないのが現状ではないでしょうか。

2 「日本のお寺は二階建て」論

日本のお寺は二階建て構造

未来の住職塾では、全国のいろんな宗派の住職・寺族たちが集って「お寺づくり」というテーマで学びを深めます。開かれたお寺、老若男女が集うお寺、賑わいのある元気なお寺。表現はそれぞれ違えど、人のためになる良いお寺を作りたいという思いは皆共通しています。お寺マルシェ、座禅会、子供会など、各寺院が色々な行事・イベントを企画して、広く誰にでも参加してもらってお寺を盛り上げるのですが、最後に「これって結局、何につながるんだっけ?」「この先にどういうゴールが待っているんだっけ?」という問いにぶつかります。

企業でいえば、プロモーションイベントを行って、最後に「商品を買ってもらう」、「サービスの契約をしてもらう」、といったことがゴールになるかもしれませんが、お寺の場合はどうでしょう。来てくれた人に、「檀家になってもらう」、「お墓を買ってもらう」、「お葬式を依頼してもらう」といったことがゴールとなるのでしょうか。「いやいや、そうじゃない。お寺の目的は仏法興隆だから、法話会や唱題行、坐禅や写経の実践など、とにかく仏縁を持ってもらおう。宗祖の言葉の一つでも覚えて帰ってもらったらいいじゃないか」と考えるお坊さんの方が多いかもしれません。しかし、お寺も独立した法人ですから、経済が回らなければお寺の持続可能性は担保できません。その整合性を、どう取れば良いのでしょうか。

私は「日本のお寺は二階建て」という視点で見ると、考えやすいと思います。日本のお寺は、仏教という看板を掲げながら、一階は先祖教、二階は仏道という、二つの機能を担っています。一階は檀家のための領域で、二階は仏道を求める人のための領域です。別の言い方をすると、一階は死者を中心とした領域で、二階は生者のためにある領域であると言ってもいいでしょう。お寺の運営は基本、一階の先祖教で経済を回して、二階の仏道はボランティアで提供しています（中には、二階が長い間使われていないお寺や、そもそも平屋建てで二階が存在しないお寺もありますが、ここではそれは脇に置いておきましょう）。

二階建てのお寺の問題は、まず玄関が一階にしかついていないことです。二階に上がるには、必ず一階を通らなければいけない。そのために、深刻なミスマッチが起きています。「とにかくお寺は先祖供養の場所。ご先祖が眠るお墓にお参りしたり、葬式や法事をお願いするところだから、住職はとにかくご先祖をちゃんと守っていてくれればそれでいい」という檀信徒はたくさんいます。その人たちは、二階の仏道にはあまり興味がないのですが、熱心な住職は皆を二階に連れていこうとします。しかし、興味のない人を無理やりに二階に引っ張って行って、法話を聞かせても、あまりうまくいきません。それが一つ目のミスマッチです

もう一つのミスマッチは、檀家ではないけれど「一度、坐禅をやってみたい」「お坊さんに仏教のお話を聞いてみたい」と思う人が行きたいのはお寺の二階なのに、玄関は一階にしかついていないことです。仕方がないから一階から入ろうとすると、「あなた、檀家ですか?」となるわけです。実際、そんな風に言われることは少ないかもしれませんが、やはり入りにくいのではないでしょうか。極端な話、家族の誰かが亡くなってからでなければ、ご縁が持てないお寺になってしまっているのです。それでも頑張って一階に入ってみると、そこにいるのはほとんど二階に興味のない人ばかりで、場違いなところに来てしまったことを後悔するでしょう。もちろん、檀信徒の中にも一階でご先祖を敬いながら、二階の仏道も大事にする人もいますが、それは全体からすると少数派です。

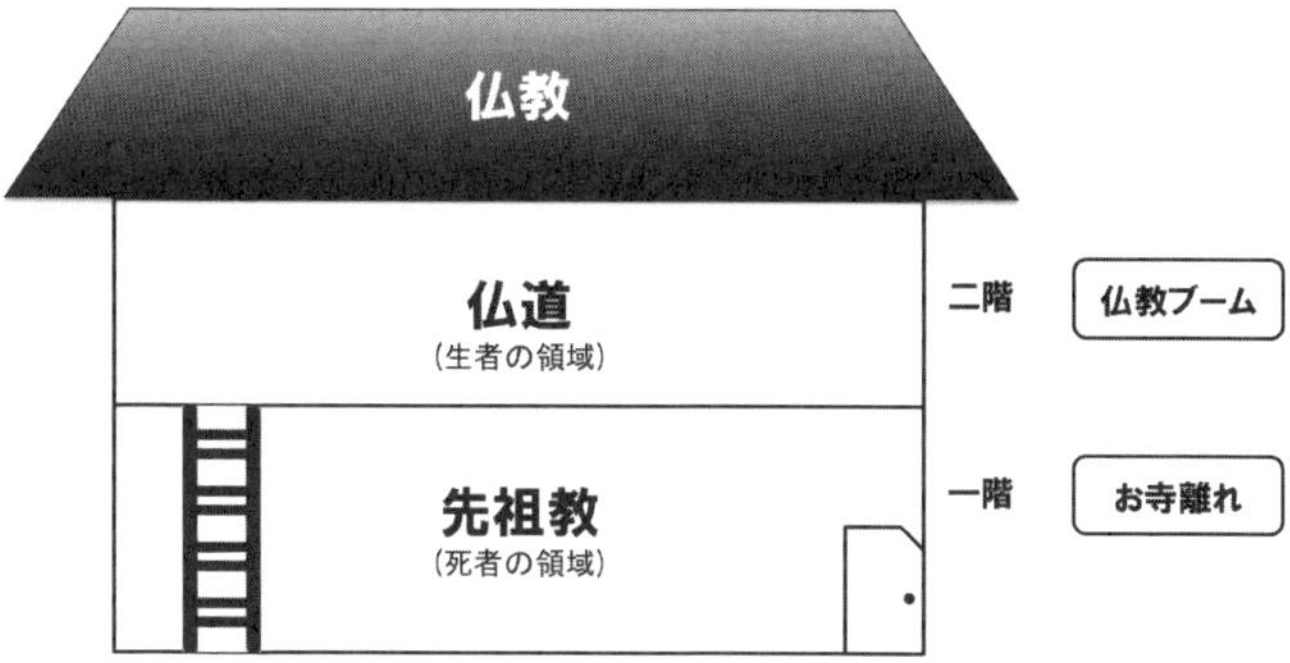

日本のお寺は二階建て構造

二階部分の経済を創造的に回してみる

そのような日本のお寺の状況に対して、私は「二階へダイレクトに上がれる外階段をつけてはどうですか」と提案しています。死者にまつわることを求める人は一階へ、仏道を求める人は二階へ直接どうぞ、というやり方です。それなら混乱も少なくなりますし、それぞれがより快適に過ごせることでしょう。言ってみれば、二世帯住宅のような感じです。一階に集う人たち（たいていは先祖を大事にする檀信徒のおじいちゃんおばあちゃん）がお金を出して維持してくれている建物を、二階の仏道を求める人たち（比較的若い世代）が使わせてもらっているという構図が、まさに日本によくある二世帯住宅の有り様と似ています。

お寺に関わる誰もが悩むのは、今後、一階に集う人たちの高齢化がさらに進行して、一階の経済を支える人が減少したとき、どうやってお寺全体を維持していけば良いのかということです。例えば、今まで基本的には無償で提供していた二階のスペースを、今後は有料にして家賃をいただくのか。今後どのようにして、お寺全体の経済をまわしていけばよいかは、なかなかの難問です。これからの方向性を、少し考えてみましょう。

まず一つ、重要なのは、一階の経済を立て直すことです。これまでは一階は檀家制度という会員システムで回してきましたが、もはやそのシステムは機能していません。なぜなら、日本社会における家制度が崩壊しているからです。もちろん今後も家を大切にして先祖のお墓を守りつづける檀家が消えるわけではありませんが、全体のパイが大きくなることはあり得ません。今、求められているのは、言ってみれば「家制度が崩壊したポスト檀家制度時代における、お寺の新しい会員システムの設計」です。家制度が崩壊したからといって、死者を弔い敬う気持ちが失われるわけではありません。事実、日本社会の中で「つながり」「きずな」は以前にも増して重要な価値になってきています。それが従来のイエという価値感と重ならなくなっているだけで、一階は一階でしくみを再設計すれば、お寺が果たすべき役割をこれからも十分に発揮し続けることができるでしょう。

そして、もう一つは、二階は二階で独立した生態系の循環を回せるよう、さまざまな実験をしてみることです。無料だったものがいきなり有料になる話ではなくて、お寺の二階が社会に対して提供している目に見えない無形の価値を掘り起こし、それを大切に思う人たちの力を集

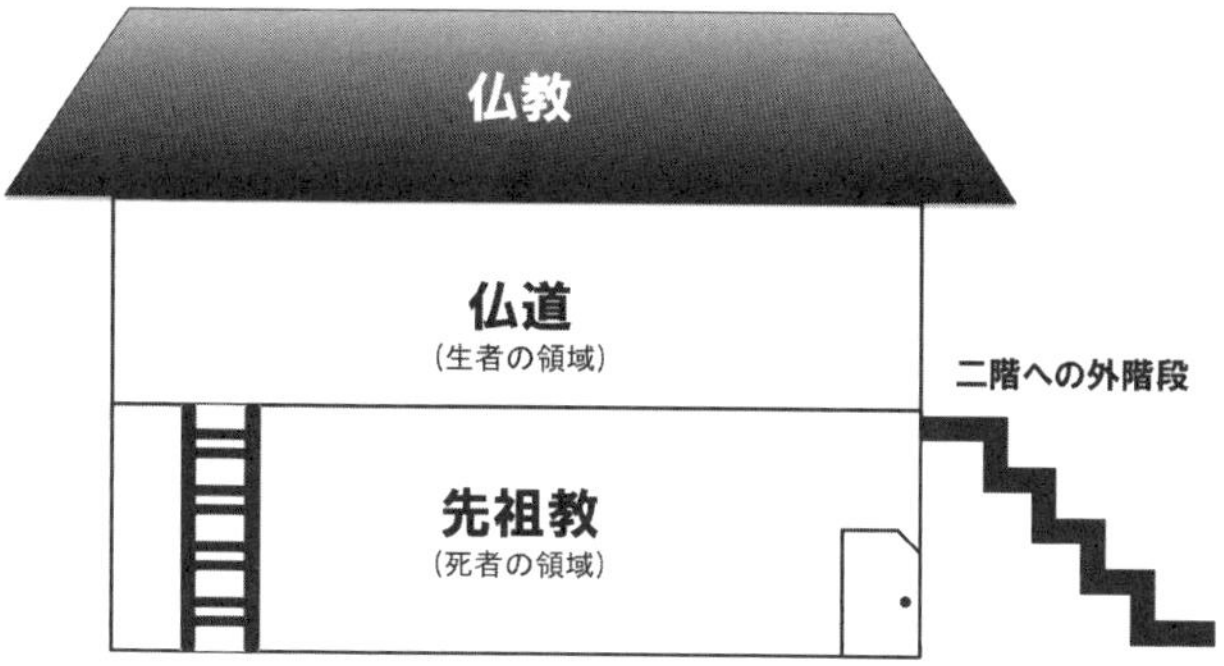

お寺の二階に外階段をつけてみる

めて支えるしくみを作るということです。旧来のビジネス的発想で考えると、二階部分だけで通常の経済を回すことは至難の技ですが、今はこれまでの資本主義経済も変革期に入っています。クラウドファンディングなど新しい資金調達方法も生まれていますし、遺贈など寄付市場も盛り上がっています。シェアリングエコノミーや仮想通貨など新しい経済循環も動き始めています。人々の価値観が大きく変わってきている時代です。楽観的かもしれませんが、そこから価値が生まれている限り、それを支える支援は何かしら得られるでしょう。世の中にはNPOなど非営利法人がたくさんあり、ダイレクトにお金を生み出す組織やしくみでなくとも、社会に対して何らかの価値を提供して継続・発展しています。宗教法人も公益法人であり、非営利法人です。あらためて、公益法人の一つとして社会にどのような無形の価値を提供するのか、創造的に考えてみたいですね。

考えてみれば、お釈迦さまの初期の仏教教団は、ものすごく創造的な生態系を構築していました。仕事もしないし、畑を耕して自給自足などもしない、まったく何も生み出さない僧侶たちの無生産集団が、インドで生まれた初期の仏教教団でした。しかし、彼らとてまったくご飯を食べなければ、死んでしまいます。托鉢のみが生命線。そこでとった戦略は、「とにかく人々から尊敬されること」だったわけです。尊敬される集団であれば、托鉢が得られる。もちろん、ご飯が欲しくて尊敬される振る舞いをしていたというわけではなくて、修行環境を整えるためには、とにかく人から尊敬される集団であることが一番大事だったのでしょう。クレームが入れば即座に対応、毎回「申し訳ございませんでした。今後、そのようなことが決して起こらないよう、禁止ルールを加えます」としていった結果、たくさんの戒律が生まれました。ポストレリジョンの流れを受けて、日本のお寺も、初期の仏教教団のように生態系を創造的に再構築することができるでしょうか?

二階への外階段としての取り組み、「神谷町オープンテラス」

二〇〇五年に私の所属寺である、東京・神谷町 光明寺にて「お寺が色々な人を受け入れられるような場所を作ったらいいのではないか」と始まったのが「神谷町オープンテラス」です。今思えば、これは文字通り「二階への外階段としての取り組み」として位置づけられます。

光明寺は都会のお寺らしく、一階が庫裏で二階が本堂という独特の造りになっています。二階本堂の前には屋根付きの半屋外スペースが広がっていて、そこをテラスと呼んでいます。テラスからは地上に広がる墓地を見渡すことができ、その背後には東京タワーが見えるという、面白い眺めが広がっています。そこに椅子やテーブルを置いて、皆さんに自由に来ていただけるように設えたのが「神谷町オープンテラス」の始まりです。街の人たちからは「お寺カフェ」として親しまれているこの場所は、比喩ではなく実際にお寺の外階段を利用して二階のテラス部分へ上がっていく構造になっています。

スターバックスは「サードプレイス（第三の場所）」というコンセプトで有名です。第一の場所は「家庭」で、第二の場所は「職場」。家庭と職場の行き来に忙しい現代人の多くがストレスを感じ、なかなか落ち着ける居場所を持てていない現状を踏まえ、誰にも自分だけの「第三の場所」を持ってもらおうというのが、スターバックスのコンセプトです。つまり、スターバックスはただコーヒーを売っているのではなく、家庭でも職場でもない「第三の場所」でコーヒーを飲んでゆっくり過ごす時間、という価値を提供しているのです。同じようにお寺も「第三の場所」として、皆さんに親しんでいただいたらよいのではないでしょうか。

そもそも、檀家であるかないかは関係なく、お寺はみんなのもののはずです。それが今では、「お寺は敷居が高くてなかなか入りにくい」と言われるようになってしまいました。

例えば、京都のお寺などは拝観料を払っているので、逆にわかりやすさもありますが、街の普通のお寺というのは、とかく入りにくいと言われます。一般の方に、「お寺と神社を比べてどちらが入りやすいですか？」と聞いてみると、神社の方が入りやすいと答える人が多いです。それはなぜかと掘り下げていくと、一つ浮かび上がるのは「お寺には住職一家が住んでいるから」という理由に行き着きます。良し悪しの問題ではなく、とにかく「住職が住んでいる」という事実が、お寺を「人の家」としてしまっているのですね。「他人の家」には、誰でも入りにくいものです。また、「住職の家」ということになってしまうと「檀家でもないのに行っていいんだろうか？」という不安も生じやすいでしょう。

一方、神社はたくさんの数がありますが、神職さんの数は仏教の僧侶数と比べて相対的に多くありません。一説によると、神職に比べて僧侶が一〇倍くらい多いと言われますので、一人の神職さんがたくさんの神社を兼務することになります。場合によっては一〇〇社兼務している方もいらっしゃるほどです。そうなると、神職さんと神社の関わりは、年に一回のお祭りの時に行くぐらいで、後は地元の人がみんなで管理しているという、公民館に近いイメージになります。結果的に、神社は誰でも出入り自由な「みんなの場所」になりやすい。

お寺の入りにくさを解消すべく「カフェのような気持ちで来てほしい」という思いを込めての「神谷町オープンテラス」。ここにはオープンから一五年以上経った今も多くの方が訪れ、

神谷町オープンテラス

春から秋にかけてのお昼時は満席になります。お昼時はお弁当やコーヒーを持った方たちで賑わい、さながら「行列のできるお寺」といった風情です。「神谷町オープンテラス」については第2部でも詳しくご紹介します。

神谷町オープンテラス ホームページ
http://www.komyo.net/kot/

出番があるから居場所ができる、「テンプルモーニング」の良さ

最近は、掃除に注目して「テンプルモーニング」というお寺の朝掃除会を開いています。掃除は「二階への外階段」の活動として大変優れています。例えば、禅宗のお寺では坐禅会を開いていますよね。慌ただしい日常からひととき解放さ

れて、静かなお寺で坐禅を組む。その時はリラックスして心が整います。しかしその後も継続的に日常生活の中に坐禅を取り入れることは簡単ではないのではないでしょうか。お寺と自宅では環境が大きく違いますし、元々の生活の中になかったものを新しく生活に取り入れようと思っても、なかなか定着しないものです。

その点で、掃除はもともと誰の生活にも身近にあります。禅宗では「一に掃除、二に掃除、三・四がなくて五に掃除」といわれるほど、お寺の日々の営みにおいて重視されており、「動く禅」と言ってもいいでしょう。面倒くさい家事の一つにも数えられる掃除ですが、誰しも掃除をやっているうちに、だんだん気持ちが入って楽しくなってきた経験はないでしょうか。普段はすすんでやりたいとは思えない家事の一つであったとしても、時間と場所を変えて、朝のお寺でやってみるだけで、「掃除」の捉え方が少しポジティブなものに変わるのです。掃除という取り組みの守備範囲の広さを表すように、「テンプルモーニング」には老若男女、職業や立場を問わず、本当にいろいろな人たちが集まってきます。おかげでコミュニティとしても魅力があります。

お寺に来られる方を過度に「お客様扱い」すると、逆に次回から来にくくなってしまいます。例えば「法話会へぜひいらしてください」とお誘いするとき、受け手側は「手ぶらで行くわけにはいかないしなあ」と負担に感じられることがあるかもしれません。でも「テンプルモーニ

テンプルモーニング（写真提供：Temple Morning 事務局）

ング」の場合は最初に掃除という奉仕活動があります。「掃除という形でお寺に奉仕したのだから、私はここにいてもいいよね」という堂々とした気持ちで、お寺にくつろいでいただければ幸いです。「出番があるから、居場所ができる」という、コミュニティづくりのサイクルを回して、「居場所感」を生み出すことがとても大事だと考えています。

How to テンプルモーニング

ここで、「テンプルモーニング」のやり方をご紹介します。まず、私は日程を決めたらSNSを使って告知をします。告知方法はSNSでも寺報でも掲示板でも、対象にあった方法を選択すると良いでしょう。私が「テンプルモーニング」を実施している光明寺の周辺はビジネス街で、出勤前のビジネスパーソンを主に想定していますので、ＳＮＳの中でもツイッターがちょうどいいです。

朝七時半に本堂に集まっていただき、概要のご説明をします。一五分ほど、みんなでお経を読んだら、早速境内へと出て、二〇分ほど各自で掃除を行います。掃除は、おしゃべり好きな人はわいわいしゃべりながらしても良し、内気な人は黙々と集中しても良し。どちらにしても、無理なく自然に過ごせるのが良い点です。掃除は人と人との距離感がちょうどいいんですね。境内を掃く担当、テラスの机や椅子を拭く担当、窓ふき担当などに分かれますが、お墓掃除をやってもらうこともあります。参加者の中には「お墓の掃除って大変ですね！」という人もいて、その経験から墓地の維持管理の苦労を知ってもらうことにもつながります。掃除をして一汗かいたあとは、皆で輪になってお茶を飲みながらお話をして、八時半に解散。

「テンプルモーニング」実施によるお寺にとってのメリットとしては、次のようなことが考えられます。

【布教伝道の視点】

- 年齢や性別を問わず誰でも参加でき、意味を見出せる
- お経や法話など、仏教に親しんでもらえる

- 主体的な関わりにより、「私のお寺」意識が生まれる
- 人が人を呼んで来る

【お寺づくりの視点】
- 宗派や規模を問わず、どんなお寺でもできる
- 能力や経験を問わず、どんな僧侶でもできる
- 手間がかからない
- もちろん、お寺の掃除の助け（経費削減）になる

お寺にとって掃除はいつもやっていることなので、ただ「一緒にどうですか？」と言うだけで、これだけのメリットが期待できるのです。例え参加者がゼロでも自分が一人でやればいいだけです。

【参加者の声】
- 無心になれました
- 心が洗われました

- 自分を見つめる時間になりました
- 瞑想をするような気持ちで取り組みました
- 早起きして身体を動かすのって気持ちいいですね
- お墓を掃除したら、ご先祖さまのことを思い出しました
- 掃除仲間と会って話せるのが楽しいです
- 季節の変化を感じます
- 掃除した場所に愛着が出て、自分の居場所感が出てきますね
- 時々参加することで、生活を整えるペースメイクになります
- 友達を誘ってきました

参加者の声を聴いてみると、「テンプルモーニング」は「習慣づくり」に効く要素が詰まっているようです。お経と掃除とちょっとしたお話で計一時間のパッケージを、大体二週間に一度くらいのペースで開催する程度なので、それほど負担はありません。無理ない範囲で続けてきた結果、色々な人にお寺にくることを習慣化してもらうことの意味を感じるようになりました。それを、どれだけコストとハードルを下げて、かつ成果が出る形でやれるかという実験が「テンプルモーニング」だったとも言えます。このパッケージをぜひ、全国の寺院で使って実

施してもらえたら嬉しいです。

テンプルモーニング ホームページ http://templemorning.com

3 仏教・お寺・僧侶、これからの役割

お寺の一階と二階、どちらが大事？

「神谷町オープンテラス」や「テンプルモーニング」などの、二階への外階段づくりの活動を一生懸命やっていると、「松本さんはお寺の一階よりも二階、つまり仏道の方を大事に思っているんですね？」と聞かれることがあります。しかし、私はお寺の一階も二階もどちらも大事だと思っています。どちらが上だとか、どちらがより本質的かなどは、あまり考えません。

確かに、私が僧侶になったばかりの二〇代の頃は、二階の仏道が大事だと思っていました。「仏教をやるぞ」と思ってお寺に入ったのに、「なぜ法事や葬儀ばかりなんだ」とよくある若い僧侶の悩みを、私も抱いていました。

しかし四〇代に入った今となっては、様々な死別の場面を経験し行き場のないやるせない思いを抱えることも増えてきました。そんな時に、お寺の二階の活動では解決もつかないような場面で、お寺の一階の活動が生きる支えになるということがよくわかったのです。

人生には色々なタイミングがあります。自分の生き方がわからず二階の仏道に答えを探す時もあれば、大きな死別の悲しみに出会い、お寺の一階に心の癒やしを見出すこともあるでしょう。つまりは、一階も二階のどちらもお寺にとってなくてはならない大切な機能なのです。

これからのお寺の二階建て構造

私は「未来の住職塾」二〇一八年度の塾生約一〇〇名が作成した、行動計画の中に出てきた全ての取り組みを分類し、どのようなジャンルの取り組みがあるのかと仕分けしてみました。その結果をお寺の構造にあてはめてみると、左図のような形になりました。「お寺の二階建て構造図」の発展版です。

まず、お寺を支える基礎の部分は、三つに分類できます。「組織文化」とは地域との関係性、総代・檀信徒との信頼関係やお寺内でのコミュニケーション強化の取り組みがあてはまります。「設備・仕組」とは伽藍や境内を整えること。檀信徒の情報整備や、広報への注力などが挙げられます。「人財」については、お寺をあずかる住職の自己研鑽や、住職を支えるスタッフの

<table>
<tr><td rowspan="2">縁側
（幸福）</td><td rowspan="2">ソーシャル＆カルチャー
（スペース提供／コミュニティ・地域活性／祭り・フェス・観光／アート・芸能／文化教室／社会貢献／文化講演会／健康／子育て／食／寺子屋）</td><td colspan="2">仏道
（坐禅・修行体験・リトリート／写経・写仏／仏教勉強会／掃除／法話／対話／終活）</td><td>二階
（気づき）</td></tr>
<tr><td>死別
（葬儀／法事／月参り／ペット供養／グリーフケア）</td><td>祈願・行事
（祈祷・祈願・ご利益・巡礼／季節の行事／本尊・宗派・宗祖の行事／人生の節目の行事）</td><td>一階
（癒し）</td></tr>
<tr><td>地下</td><td colspan="3">お骨
（永代供養／墓・納骨堂）</td><td></td></tr>
<tr><td>基礎</td><td>組織文化
（地元／総代・檀信徒／お寺内）</td><td>設備・仕組
（伽藍・境内／宿坊／お金の仕組／データベース／広報／コンテンツ）</td><td>人材
（自己研鑽／スタッフ）</td><td></td></tr>
</table>

お寺の二階建て構造図（発展版）

育成など。正に基礎部分の取り組みです。

そもそもの一階部分であった「先祖教」はあえて葬儀とお墓の要素に分けました。亡き方が納まる場所はそう簡単には動かせないので、「地下」としています。

一階は葬儀や法事など、死別にまつわる取り組みが中心です。それ以外にも年中行事や祈願なども一階に含まれます。一階をまとめて表現するならば「癒やし」でしょうか。

二階の仏道領域には、坐禅や修行体験。掃除もここに含まれるでしょう。二階をキーワードであらわすと「気付き」。ここは「私《わたし》」、つまり生者の領域です。対して一階は、死別にまつわること中心の死者の領域と言えるでしょう。

そして二階と一階の横には縁側部分が想定されます。「ソーシャル＆カルチャー」と分類できそうな様々な取り組みが、雑多に収まっています。この縁側がお寺の良き入り口となり、そこから二階、一階、地下へのつながりができていくのでしょう。

未来の住職塾では、それぞれの課題に応じて行動計画をつくっていますが、そこに書かれている大体の取り組みが、この枠の中に収まっていくという印象です。あくまでも便宜上の分類なので、一つの取組みが二～三の領域にまたがるものもありますが、現在の取り組みがお寺全体の中でどういう位置づけになるのか、また、どういう意味をもってくるのかなど、整理して把握するときにこの図は役立つのではないでしょうか。

これからのお寺・僧侶に求められる役割

さて「お寺の二階建て構造図」をじっくり眺めてみると、一階、二階、縁側に関わる共通の要素として「習慣づくり」を見出すことができます。それは私が「テンプルモーニング」を作っていく過程で気づいたことでもあります。その基本の中身は読経、掃除、茶話会（お話）の三点です。お寺にとっては当たり前の内容であり非常にシンプルといえますが、その本質は習慣づくりであると言ってよいでしょう。

「テンプルモーニング」のみならず、葬儀、法事、盆彼岸の墓参り、月参り、季節の行事、坐禅会、法話会、信行会、縁日、寺子屋、など、お寺のあらゆる基本活動が実は「習慣」とい

「テンプルモーニング」で大切にしている対話の時間（写真提供：Temple Morning 事務局）

うキーワードでつながっていることに気がつきます。年次のもの、月次のもの、日々のもの、ペースは様々ですが、お寺のやっていることは全て「習慣づくり」に他なりません。これまでは親から子へと、そのような習慣は家庭内で継承されてきました。しかし檀家制度の崩壊により、その継承が成立しなくなってしまったのです。

一方で、若い人たちの意識としては「先祖の見守りを感じる」「お墓参りに行く」「僧侶に相談したい」といった、お寺・僧侶に対する求めがあらわれてきていることは、複数のデータからも明らかです。

家庭内では既に断絶してしまった「お

「お寺の習慣」をお寺側で再定義し、現代の人たちの生活サイクルに組み込んでもらうこと。人寺とは良き習慣の道場である」と考えてみてはどうでしょう。一方的な押しつけではなく、それぞれの「自他の抜苦与楽」となるような習慣づくりの道場です。これからのお寺に求められる役割とは、「自他の抜苦与楽に資するよき習慣づくり」の場であり、僧侶はその伴走者であることなのだと思います。

続く第2部で紹介する事例は、まさにお寺が「自他の抜苦与楽に資するよき習慣づくり」の場として機能している施策ばかりです。私たちの知る膨大な事例の中から、習慣づくりに適した「お寺の縁側」の取り組みを中心に選びました。ご自坊での場づくりの参考としていただければ幸いです。

第2部

お寺という場をつくる人々

遠藤卓也

出番があるから居場所ができる

第2部ではお寺の様々な「場づくり」の事例を紹介します。私、遠藤卓也は一九八〇年東京生まれ、東京育ち。学生時代にインターカレッジのサークルで松本さんと出会い、一緒に音楽イベントを企画・運営する活動を行っていました。

大学卒業後、松本さんが僧侶になったと聞き、初めて東京・神谷町にある光明寺を訪ねました。現在は「神谷町オープンテラス」の場となっているテラスや、本堂の広い空間の風通しの良さを気持ちよく感じたことを覚えています。その時に松本さんから、この本堂という空間で、音楽会を開いてみようと誘われました。

それから私は会社帰りに、光明寺境内で下宿していた松本さんの部屋に寄って音楽会の企画をたてたり、他の友達を呼んで夜中まで話したり、光明寺で二〇代後半の青春を過ごしたと言っても過言ではありません。

音楽会は順調に回を重ね、お坊さんの友達が増え、光明寺の住職はじめ寺族の皆さんにも認識してもらうようになりました。年末のお寺の大掃除が楽しみになり、お盆・お彼岸のお手伝いをしたり、ついには光明寺で結婚式までさせていただきました。

当時の私は、幸いなことに大きな悩みもなく過ごしていましたが、職場のしがらみを離れて、会社では出会えないような人たちと集える光明寺の存在は、ありがたい休息の場となっていました。音楽会という「出番」をきっかけとして、光明寺が私の「居場所」になったのです。第1部で「出番があるから居場所ができる」という言葉がありましたが、私は松本さんから音楽会という「出番」をもらったのだと認識しています。

まさに家庭でもなく、職場でもない。お寺というサードプレイスを得た私は、その可能性を感じました。檀家と菩提寺という関係性がある一方、自分と光明寺のような関係性が広まることで、「居場所」がなくて生きづらさを感じている人たちの助けにもなるのでは？ と考えるようになりました。

そして、二〇一二年に未来の住職塾が始まった際、ここに集うお寺の一つ一つが、それぞれのお寺に関わる人たちに「出番」を提供してくれる存在であると確信しました。自分が未来の住職塾の運営に携わり、光明寺での体験や関係性を伝えていくことで、全国のお寺にたくさんの「出番」がうまれ、お寺を「居場所」とする人を増やせるかもしれない。そう考えて、最初の年から事務局を担わせてもらいました。

それから七年が経った今、未来の住職塾のもとに約六〇〇寺院とのつながりが生まれました。私は、未来の住職塾をはじめとする勉強会や研修の場にて「お寺の広報」というテーマで講演を行ったり、全国各地の寺院の広報相談や場づくりサポートを依頼されるようになりました。

第2部では、そんな私が全国各地のお寺で見聞きする様々な「出番」と「居場所」の話、つまり「場づくり」の事例をお伝えします。

これからのお寺に求められること

事例を見ていくにあたって「お寺の場づくり」が、なぜ求められるのか？　という観点から、第1部を振り返ってみましょう。

- お寺離れ。現代の人のあり方に合わせて、お寺も変わっていかなければならない状況がある。
- 仏教ブーム。仏教やお寺に魅力や可能性を感じている人が増えている。
- より多くの人にお寺に来てもらおうとイベントを行っても「これって結局、何につながるんだっけ？」という問いにぶつかる。
- お寺の経済が回らなければお寺の持続可能性が担保できない。
- お寺を「二階建て構造」で俯瞰すると、一階と二階のミスマッチが起きている。二階への外階段が必要。
- お寺の経済性を一階だけに頼るのではなく、二階は二階で独立した生態系の循環をまわせるように実験を行っていく。

もう少し具体的な表現もありました。

- お寺の二階が社会に対して提供している目に見えない価値を掘り起こし、それを大切に思う人たちの力を集めて支えるしくみを作りたい。
- お寺の一階を持続させるために、家庭内で断絶してしまった「お寺の習慣」を再定義して、生活サイクルに組み込んでもらう。

これまでは親から子へ、家庭内においてお寺に関する習慣が引き継がれていました。しかし現在はそのしくみ（檀家制度）が弱体化しているため、お寺が主体的に習慣づけの努力をする必要が出てきたのです。そのためには家だけではなく、個人のニーズを汲み取ってお寺のリピーターになってもらうことが大切です。お寺におけるリピーターとは「お寺との関わりがその人の生活習慣として定着した人」と言い換えられるでしょう。

お寺ではよく「このおばあちゃんはいつもお彼岸のこの日に必ずお参りにくる」というようなことがあるかと思います。その人にとっては、一年サイクルでの習慣として彼岸参りが組み込まれているということだったのですね。

つまり、家庭内で継がれなくなったお寺の習慣を、お寺が主体となって再生するために、お寺の地上部分（一階、二階、縁側）において「良き習慣」を得る人を増やし・定着させる方策こそが「お寺の場づくり」と考えられます。

「お寺習慣」をつくる

では、どうすればお寺との関わりを生活習慣としてもらえるのでしょうか？

第1部の終わりに、これからのお寺に求められる役割として「自他の抜苦与楽に資するよき習慣づくりの場」であることが挙げられていました。まずは「お寺の縁側」的な活動が、参加者にとって「より良く生きていくこと」を支え、「自他の抜苦与楽」に資する場となること。そうなれば、自ずと繰り返し足を運んでもらえるようになります。関わりが継続するうちに、その人の人生のステージが変わり、二階・一階・地下など、お寺との関わりが変化していきます。私もまさしくそうでした。音楽会の企画という「お寺の縁側」的な活動がきっかけとなり、光明寺に通うことになりました。いつしかお寺という場が社会のしがらみから離れられる、休息の場になっていたのです。また、私や音楽会の仲間たちがお寺に出入りして、大掃除やお寺の行事をお手伝いすることは、お寺にとっても人的な助けとなっていたかもしれません。そのように互いに良い関係を築きながら通い続けるうちに、自分の人生における光明寺という場の重要性が高まり、「ここで結婚式をしたい」と思うまでに至ったのです。

以上を踏まえて、これから見ていく事例に関して三つの観点を重視したいと思います。

(1) 場づくりによって解決を目指す課題（**苦となっている要素**）
(2) 社会に対するお寺独自の価値（**楽と思われる要素**）
(3) 習慣づくりの工夫（**繰り返し足を運んでもらえる要素**）

各事例のあとに「事例からの学び」として、三つの観点にフォーカスします。また、この本では特徴的な事例を取り上げているので、自坊でそのまま真似するのではなく、場づくりの課題発見や習慣づくりの工夫など、参考になる要素を探してみて下さい。

それではいよいよ、事例をみていきましょう。

1 地域活性化のための場

寺社の境内は、地域における歴史的経緯や広い敷地を有することから、お祭りの会場として活用されています。地元の人々が集う場は、地域の活性化のみならずお寺の「縁側」的な場としての意味を持ちます。最初に、お寺の課題解決のための場づくりが、地域のための場として発展した事例をご紹介します。

「マルシェ」を活用した「花まつり」という習慣の再興
――埼玉県草加市・光明寺「花まつりマルシェ」

埼玉県草加市にある浄土真宗本願寺派 光明寺は、二〇〇九年に本堂が落慶したばかりの新しいお寺。住職の石上光鏡《こうきょう》さん・まどかさん夫妻が二人三脚で切り盛りしています。光明寺の周辺は、建売住宅などの開発が増えており、首都圏のベッドタウンとして若い世帯が転入して

お寺マルシェ開催時の光明寺

きています。新しいお寺なので、地域での認知を高めるためのイベントを開催したいと考えていましたが、春秋お彼岸・お盆の法要などに加え、報恩講に餅つき、団体参拝など檀信徒むけの年中行事をしっかり行っているので、これ以上イベントを増やすことはマンパワー的に難しい状況でした。

また、行事に参加してくれる檀信徒は年齢層が比較的高く、お寺のこれからを考えた時に、若い人たちにもっと参加してもらいたいという課題意識もありました。そこで、次世代檀信徒にお寺へ来てもらうことを見据えて、子ども向けの「花まつり」を企画。「年中行事を増やすのはこれで最後にしよう」という覚悟で開催を決めたそうです。花まつりは、将来的には近隣住民にも参加してもらいたいという思いはありますが、初回はまず檀信徒にのみ声がけを行いスモールスタートとしました。

思い切って開催してみた結果、普段お参りに来てくれる世代の子にあたる子育て中のパパ・ママ世代が家族で来てくれて、いつもの行事とは少し異なる手ごたえを感じられたそうです。

そのような折、光明寺に一つの依頼がありました。

寺院施設とマルシェの好相性

依頼主は、隣の市に住む恩田繁子さん。「お寺でマルシェを開催させてほしい」と言うのです。恩田さんは数年前から地域のマルシェに出店して、手作りの小物を販売していました。出店者としてマルシェに関わる中で「自分もマルシェを主催してみたい」と考えるようになったのです。

マルシェの開催場所を検討する中で、「地域に根ざしたお寺」という場所が適していると目をつけました。お寺には誰でも受け入れてくれそうなイメージがあり、マルシェの雰囲気を柔らかくあたたかいものにしてくれると思ったそう。マルシェが開催できる条件は、広いスペースと駐車場があること。そして何より、スペースを提供する側の理解です。恩田さんは知人の伝手で光明寺を知り、マルシェの依頼を持ちこみました。

光明寺にとって初の試みとなりますし、恩田さんにとってもマルシェを開催するのは初めて

左:恩田繁子さん　右:石上光鏡 住職（写真提供:サノハナ）

のこと。開催に不安はありましたが「お寺への負担はなるべくかけないように実施する」という、恩田さんの配慮も感じられたので「試しにやってみよう！」ということになりました。二〇一七年二月のことです。

開催日程は、暑い季節や台風の時期を避けて秋に決定。恩田さんとは月に一回のペースで打ち合わせを行いました。出店者の選定・交渉から、チラシの制作、インターネット告知まで、恩田さんがパワフルに計画を進めていく報告を聞きながら、お寺としては「駐車場の確保」や、「イベント保険の手配」、「檀信徒への周知」などを担います。

マルシェ当日は見事な秋晴れ。たくさんの人が訪れてくれて、大きな問題も発生しませんでした。これまで光明寺に縁のなかった地域の若い人たちも足を運んでくれたのです。恩田さんが多くの準備を担ってくれていたため、心配していたお寺側のマンパワー不足は問題ありませんでした。出店者や恩田さんのご家族も協力的に関わってくれたおかげで、スムーズに会を運営できました。

花まつり＋マルシェ＝花まつりマルシェ

初回の成功をうけ、第二回目のマルシェは花まつりとあわせて「花まつりマルシェ」として開催することにしました。お寺の課題である「次世代檀信徒との交流」を目的として始まった花まつりですが、地域住民の要請により始めたマルシェと併催することで、檀信徒ではない地域住民にも、花まつりという仏教行事に親しんでもらえると考えたのです。

当日は、一〇時半に本堂で花まつり行事を行い、一一時から境内でマルシェをスタート。すると、檀信徒ではない近隣の家族も「せっかくお寺に行くのだから、仏教文化に触れてみたい」「甘茶かけをやってみたい」と、花まつりから参加してくれました。今の若い人たちは普段馴染みがないからこそ、花まつりを特別な体験として捉え、新鮮に仏教文化やお寺の良さを喜んでくれます。

マルシェに関しては恩田さんのほうで出店料の管理など全ての事務を担っており、花まつりの情報も記載されたチラシの制作、近隣への配布、ＳＮＳをつかった宣伝まで広報もしっかり

本堂で花まつり

行っています。それは同時に地域の方々に光明寺という新しいお寺の存在を知ってもらうことにもつながりました。マルシェ側の事情としては、一般の民間スペースを利用するとそれなりの費用がかかりますし、行政と連携するには手続きや抽選があるため、コンスタントな開催が困難です。しかし、お寺と組むことでマルシェを継続しやすい環境を得られています。

事例からの学び

［課題解決］

光明寺の課題として「次世代檀信徒にお寺に来てもらうこと」「地域住民の認知を高めること」の二つがありました。一気に二つを解決することは難しいと判断して、まずは次世代檀信徒にターゲットを絞りました。この「無理をしない」判断が非常に良かったと思います。一つめの課題に対して手応えを感じた後に、マルシェ開催のご縁が舞い込んできました。恩田さんという協力者も加わり、一歩ずつ着実に進歩していくことで、二つの課題に対応する「花まつりマルシェ」という場をつくることができました。

［お寺独自の価値］

そもそも人が集まる場所として作られているお寺は、マルシェの会場として利用しやすい設備が整っています。本堂前の駐車場にはいくつものテントが並び、キッチンカーも停められます。出店者が鍋で作ってきた料理は配膳室で温め、炊飯も可能。キッズスペースでは子どもたちを安心して遊ばせることができます。子どもからお年寄りまでが集い、日曜日のひとときをゆっくり過ごせる市民の憩いの場となっています。

［習慣づくり］

若い人たちにとっては新鮮な「花まつり」という行事を、マルシェという現代的なイベントとあわせて開催しました。毎年春と秋の「お寺マルシェ」が定番化したので、光明寺は年に二回の新たな「お寺習慣」を作ったことになります。「マルシェを開きたい」という当事者性を持つ恩田さんがパートナーなので、継続的に開催されていくでしょう。

光明寺　ホームページ　http://www.komyo.net/web/soka.html

お祭りの明るいエネルギーで地域を照らす
――愛知県名古屋市 久遠寺「新栄祭」

名古屋市新栄にある真宗高田派 久遠寺では、地域の人たちとともにお祭り「新栄祭《しんさかえまつり》」を企画して、五年以上運営しています。毎年夏に二日間開催。七つのエリアに分かれた会場には三千人もの人々が集まります。

お祭りを始めたきっかけは、久遠寺の特殊な立地環境に起因しています。久遠寺は周囲を飲食店街に囲まれていて、飲食店オーナーたちとのつながりがあります。副住職の高山信雄さんが近所の飲食店のオーナーと話している中で「この新栄の街をお祭りで盛り上げたい」という話題が出ました。お祭りを作るなんて大変なことだろうと思っていましたが、飲食店オーナー同士の仲が良いため「まずは一回集まろう」ということに。久遠寺からは副住職の信雄さんが参加しました。

とにかくやってみた！ 一年目

飲食店としては新規のお客さんを獲得したいというよりは、いつも来てくれるお客さんへの感謝祭のようなイメージがあったそうです。信雄さんとしては、お祭りをきっかけにお寺が地域の中心となり、これまでお寺をお世話してくれた周囲のおじさんおばさんたちに恩返しをしたいという思いがありました。

本格的な会議が始まったのは三月ですが、本番は八月と決まりました。初めてのお祭りを企画するには短い期間ですが、時間が少なかったこともあり一年目の企画はトントン拍子に進んだと回想します。会場はお寺の駐車場を使うことにしました。近所には飲食店だけではなくライブハウスも多いので、ライブ演奏を行えるようにステージを設営します。音を出す設備や、テントも複数必要となります。

設備レンタルの契約をするには先立つものが必要です。ここで協賛店舗や企業を募りました。協賛を募るにあたっては飲食店のネットワークを大いに活用できます。お店のお客さんの中から、経営者層に声をかけていき協賛金を集めました。店舗からは出店料を出してもらい、飲食チケットの事前販売なども行うことで準備に必要なお金を集めることができました。

金銭的な協力だけではなく、カラオケ機材を貸してくれる企業や、食材を提供してくれる会社もありました。チラシやポスターは近所の印刷会社が手弁当でつくってくれました。飲食店は口コミのネットワークがあるので、こういった交渉はまさに得意分野です。信雄さんは、協賛については概ね任せてしまったそうです。

久遠寺 境内のにぎわい

久遠寺境内でのライブ演奏

代わりに、事務・会計・会議の議事進行などを信雄さんが担いました。役職としては「実行委員会会長」です。イベント制作の事務的な面倒ごとを一手に担っているような形ですが「みんなが自分のできないことをやってくれるので、自分は自分のできることをやる」という気持ちで、役割に徹することにしました。

二年目、お祭りに「お寺のねらい」を重ねていく

二年目からは駐車場だけでなく、久遠寺の境内に「くおんじキッズエリア」を増やしました。信雄さんには「新栄祭」をただの酒飲み場にしてはならないという思いがあったのです。子どもたちにお祭りの楽しさを知ってもらいたいと、様々なつながりをつかってブース出店も多彩にしていきます。久遠寺の周辺は名古屋の街の中でも、あまり治安が良い地域ではないと言われています。しかし、この「新栄祭」の明るいエネルギーで地域を照らし、イメージを変えていきたいという願いを込めています。

三年目はさらに会場を増やしましたが、会場間の移動の際に来場者たちの安全を考慮して、お祭り中に道路を封鎖しようということになりました。これも当初、道路の封鎖は困難と言われましたが、飲食店の伝手もあって様々な分野の人からアドバイスをもらい、丁寧に交渉を重ねることで封鎖を実現しました。また、ライブをやるとなると騒音苦情は避けられませんが、

協賛の多さがうかがえるポスター

住民説明会で理解を得ながら、一九時には音出しを終了することで夜間の迷惑にも配慮しています。

お祭りが単発で終わらないように、継続して人にきてもらう流れを作りたいという思いから、丁寧な場づくりを心がけています。回数を重ねると顔なじみも増え、普段街を歩いていて挨拶する人が増えました。街の人たちがつながることで「地域を見守ろう」という意識が高まります。信雄さん自身、子育てをしている世代なので、安心して暮らせる街づくりについては、非常に当事者性のある地域課題なのです。

「離れ小島」から「地域のお寺」へ

久遠寺としても、以前は街の中で「離れ小島」のような気持ちでいたところが、街との一体感が芽生え「地域のお寺」という自覚が出てきたそうです。街の人たちからは閉鎖的な場所に見られていたのかもしれませんが、最近ではお寺の門をくぐってふらっと境内に入ってきてくれる人が増えてきました。

お祭りの他にも、久遠寺では寺ヨガや定例法話会などを開催していますが、参加者とお話すると、それぞれ何かしら悩みを抱えていることがわかります。宗教者として支えになりたい気持ちはありますが、お寺側から「悩みに寄り添いますよ」と言ったところで、なかなか頼りにくい心理もあるでしょう。だから、信雄さんは久遠寺が「開かれた場」としてあり続けることが大切だと考えています。色々なことに我慢しながら、息苦しさを感じている人たちが一回立ち止まって、一息ついてもらえるような場でありたいと願い「新栄祭」をはじめとする、お寺の場づくりを行っています。

そして、こういった場づくりの活動はお寺の軸となる活動ではなく「味付けと捉えている」と表現します。必ずしも続けなければいけない活動であると気負うわけではなく、やれる範囲で無理せずやっていけたらいい。まさに「お寺の縁側」的な活動です。こういった活動を、檀信徒にも知ってもらい「うちのお寺は元気がいい！」と自慢にしていただきたい。そんな思いを語っていたことも印象的でした。

事例からの学び

[課題解決]

「新栄祭」は一年目こそ勢いで始まったようでしたが、二年目以降にちゃんとお寺としての課題意識を持てたことが良かったと思います。特に「町の治安」という地域課題に目を向けられたのは、信雄さんご自身が子育て世代であるという当事者性からです。今の時代にお寺が引っ越しをすることは考えにくく、地域と共生関係にあります。地域の人たちをお祭りでつないで、助け合いの雰囲気を作り出すというやり方で「見守りの目」を増やしました。

お寺としては、地域の人々に「門をくぐって境内に入ってきてもらいたい」という課題がありました。私は何度も久遠寺を訪れていますが、比喩表現ではなく実際に「縁側」みたいな印象の境内です。町なかにあって門から先が少し奥まっており様子がわかりにくいので、初めてだと入りにくい。しかし一度、中を知ってしまえば通りがかりのついでに境内のベンチに腰を掛けたくなるような雰囲気があります。いかに境内を明るい雰囲気に保ち、ベンチを置いたとしても門をくぐってもらえなければ何も始まらない。門をくぐってもらうための「お寺の縁側」的取り組みとして、地域のお祭りが役立っています。

［お寺独自の価値］

周囲の飲食店（外から来ている人）と町内の居住者との接点として、お寺があったからこそ、お祭りが成立したのだと思います。お祭りのにぎわいは地域に住む人全てにとって良いものとは限りませんが「お寺で開かれているお祭り」ということが、少なからず地域住民の反発的な感情のクッションになっているはずです。一方で、資金集めなど多方面の協力を得るためには飲食店の力が必須でした。久遠寺単独で企画していたら、一年目でこれだけの規模にはならなかったでしょう。得意・不得意の領域を鑑みて役割分担をして、お寺だからこそ担える役割に信雄さんが専念したことが、お祭り成功の秘訣だったのではないでしょうか。

［習慣づくり］

習慣という意味合いでは「新栄祭」開催以降に、「挨拶をする人が増えた」「お寺にふらっと入ってくれる人が増えた」など、地域の人々の習慣の変化がありました。お祭り以外にも寺ヨガや定例法話会などの、日常的な受け皿となる活動をしっかり行うことで、久遠寺での活動を生活のサイクルに組み込んでもらえています。地域でのお祭り開催をきっかけとして、檀信徒ではない周辺住民の中に「久遠寺のお寺習慣」を作ってもらう良い流れができています。

久遠寺　ホームページ　https://kuonji.net/

2　働く人のための都心の居場所

居住人口よりも働きに来る人が多い都心部では、お寺と人との日常的な関わりが少し変わってきます。都市生活者は居場所を確保するにも、ちょっと相談ごとをするにも、理由やお金が必要となる中で、利害関係なくつながれるお寺という「居場所」に注目が集まっています。

なぜ人が集う？　都心のお寺カフェ
——東京都港区 光明寺「神谷町オープンテラス」

東京・神谷町にある浄土真宗本願寺派の梅上山 光明寺では二〇〇五年より「神谷町オープンテラス」を開いています。二階本堂に面した半屋外のテラス席は、お昼時になるとすぐに満席になるほどに賑わっており、虎ノ門エリアのビジネスパーソンの憩いの場となっています。近くにはカフェや飲食店が備わっているのに、なぜお寺のテラスにたくさんの人が集うのでしょうか？　私も都心でサラリーマンをしていた経験があるので、その気持がよくわかります。まず、都心はランチの平均単価が高く、毎日利用していると出費がかさんでしまいます。そこでお弁当を持参したり、テイクアウトしたものをデスクで食べるのですが、それもなんだか味気ない。せっかくの休憩時間にリラックスできません。お昼のひとときはオフィスから離れて、開放的な気分で食事をしたいのです。そう考えてみると、オフィスの近くに「神谷町オープンテラス」のような場所があったら、私も常連になっていたと思います。

平日昼間の神谷町オープンテラス

「寺の場所」から「地域の場所」へ

第1部でも触れていますが「神谷町オープンテラス」がはじまったのは、本書の共著者である松本紹圭さんが光明寺に来てから。もともと光明寺のテラス部分は常に開放されており、ご参詣の方がどなたでも自由にくつろいでもらえるようになっていましたが「神谷町オープンテラス」と名付けて告知を行うと地域の人たちの間でも利用者が増え、雑誌やテレビの取材まで来るようになりました。「お寺カフェ」の先駆的事例であったと記憶します。

名称を「光明寺オープンテラス」ではなく、「神谷町オープンテラス」とした点も、一つの工夫です。名称に寺院名ではなく地名を採用することで「地域の場所」として誰でも利用しやすいイメージにつながりました。

テラスに設置されているテーブル、机、ベンチなどは、たまたま閉店するレストランの備品を譲り受けることができました。あとはお寺にあるもので「神谷町オープンテラス」がスタートしました。

テラスの「店長」の存在感

テラスでは光明寺衆徒の木原祐健《ゆうけん》さんが「店長」として、春から秋にかけて週二〜三日程度、来訪者をおもてなししています。お茶やお菓子をお出しすることもありますが、カフェ営業ではないのでお代はいただきません。「いくらですか?」と尋ねられたら、お気持ちをお賽銭としてお納めくださいとお伝えしているそうです。

木原さんは在家出身。大学卒業後に進路に迷っていた頃、松本さんより「よければテラスを手伝ってみませんか?」と誘われ、店長に就任。神谷町オープンテラスに関わるうちに、ご縁あって浄土真宗本願寺派の僧侶として得度しました。

テラスにお寺側のスタッフがいない時でも、利用者は自由に過ごしています。都会のお寺なので心配になるかもしれませんが、特に大きなトラブルやマナー違反が発生したことはないようです。やはり木原さんのような、場の顔となる人物が存在することが、利用者心理にも良い

おもてなしをする木原祐健さん

作用があるのでしょう。木原さんは、予約制で来訪者への「傾聴」活動も行っており、都心で悩みを抱える方のお話を聴き、受け止めるという大切な役割も担っています。

　テラスを始める前と後で、一番大きな変化は持ち込みの企画やメディアの取材が増えたことです。対応には時間がかかりますし、必ずしも好ましく取り上げられるわけではありませんが、一つ一つこなしていくことで経験値もあがっていきます。そうやってテレビや新聞など影響力の高いメディアで取り上げられると、多くの檀信徒の方が喜んでくださいました。お寺を開くことで、お寺の認知度が高まる結果となったのです。

事例からの学び

【課題解決】

「神谷町オープンテラス」を企画した動機は「せっかくの魅力的な空間に、もっと多くの人に足を運んでもらいたい」という松本さんの思いからです。都心のオフィス街に、緑に囲まれ風通しがよく景観もいい場所がある。しかし通りを歩くビジネスパーソンたちはそのことを知らずに、通り過ぎていく。このすれ違いを解消したのが「神谷町オープンテラス」というアイデアでした。お寺に生まれて育っていると、当たり前になってしまって見えていない魅力があるはずです。松本さんは一般家庭から光明寺にやってきたので、テラスの良さに気付きました。普段お寺に住んでいない人に自坊の良さを聞いてみると、新しい発見がありそうです。また、居住人口よりも働きに来る人が多い都市部のお寺では、周囲で働く人たちの習慣や困りごとの中に、お寺と地域社会の良き接点を見いだせるかもしれません。

【お寺独自の価値】

都心においてカフェでもなく公園でもなく、普段馴染みのないお寺という場所は「知る人ぞ知る」ような特別感があります。仕事の息抜きにオフィスの外でリラックスできる空間。人生に悩んだ時に、話を聞いてくれるお坊さんの存在。そして、テラス開始当初は常連さんのコミュニティもありました。この特別感が「また行ってみようかな」という気持ちを喚起します。

お寺が突然「閉店」することはなかなかありません。しばらく離れる時期があったとしても、またいつでも訪れられる安心感は他に代えがたいものです。

【習慣づくり】

「神谷町オープンテラス」の利用者は、テラス利用を習慣にしています。一番多いのはランチタイムですが、早朝のまだ誰もいないテラスで朝の空気を満喫している利用者も見かけます。「いつでもどうぞ」という状態が、オリジナルな習慣づくりを後押ししているようです。利用者それぞれが、光明寺に自分だけの「居場所」を見つけているのでしょう。

光明寺ホームページ　http://www.komyo.net/

都心で自由に過ごせる「やさしい居場所」
——東京都新宿区 淨音寺「らうんじ淨音寺」

東京・西新宿にある浄土真宗本願寺派の髙龍山 淨音寺では、「らうんじ淨音寺」という居場所活動を行っています。檀信徒や地域の人々を対象に、毎月決まった日時（第一・第三火曜日の一四時〜一六時）にお寺を開放しています。西新宿も神谷町と同様に働く人が多く、繁華街も近いことから様々な悩みを抱えた人たちが生活しています。やや特殊ともいえる立地の浄音寺で、住職の高山一正《いっしょう》さんが開いた「らうんじ浄音寺」は、ただ「自由にお過ごしください」というだけの場。何か特別な問題意識があって始めたわけではなく、お寺に集まる人たちが、気軽に話せる場をつくりたかったという一心でした。

新宿の「居場所」への様々な来訪者

「らうんじ浄音寺」利用者の特徴を聞いてみると、この場に対する求め（ニーズ）が浮かび上がってきます。

- 利用者は少ない時で三名、多い時は二〇名程度。リピーターも多い
- 静かに本を読む人、おしゃべりをする人、お弁当を広げる人、ピアノで合唱する時も
- 女性はグループが多く、男性は一人の場合が多い
- 平日の昼間という設定のためか、六〇代以上のリタイア世代が多い
- 子連れママのグループが来ることもある

私が訪問した日は、常連だという六〇代男性がコーヒーを飲みながら高山さんと話し込んで

らうんじ浄音寺開催中

いました。話題は読んでいる本のことから、自身が病を患った話まで。人生を振り返りたくなるのは、お寺という場だからでしょうか。お参りのついでに寄られたという女性（七〇代～八〇代）は、一人暮らしのためゴミがなかなか捨てられず、引火の危険性を考慮して火を一切使わない生活をしている等、一人暮らしの様子が伝わってきました。意外にもプライベートなことまで高山さんに打ち明けています。お寺の「気軽に話せる場」は、住職が檀信徒や地域の人々の困りごとに気づける場なのかもしれません。

子連れママグループの利用もあるそうです。子どもが幼いと、行ける場所が限られてしまいます。子どもが走り回ったり、大きな声を出すと「周りに迷惑では？」と気を使います。私も東京で子育てをしていますが、同世代の家族同士で集まる時に場所をどうするかについてはいつも悩んでいます。お寺の本堂も決して「自由に騒いでいい場所」ではないのですが、淨音寺の広い客間で集えるならば、ママたちも安心して過ごせるのだと思います。

カギを開けて住職がいればいい。誰でもできる居場所活動

髙山さんは、とにかく無理のない運営を心がけています。毎月決まった日時にお寺を開放して、誰かが居なければならないという状況をつくることは寺族にとっても負担になります。だから無理のないように、月二回・各二時間。例えば冬時期に家族が風邪をひいてしまったら、無理をせずにお休みします。

これまでの運営において、髙山さんが実感することとしては、「集まった人によって、場は勝手に作られる」ということです。静かに本を読んでいたと思えば、たった一人の登場で合唱大会になったこともあるそうです。そこにはあえて干渉しようとせず、住職はあくまで「場の重し」として居ればいいと考えているそう。そして、「促すわけでもなくご本尊にお参りになる方も多く、仏様のお話を押し付けるわけでもなく自然にできる場でもあります」とお寺で開催する意義を確かに感じているようです。「無理のないシンプルな場」だからこそ、どこのお

らうんじ淨音寺
らうんじ淨音寺とは
どなたでも 何かあろうと なかろうと
ふらっと寄って ほっとするところ
そんなお寺になるため
場を開き続けてみようとの思いから、
“らうんじ淨音寺” が始まりました。
過ごしかた
◎本堂でゆったり過ごす
◎客殿でまったり読書
◎お坊さんと話してみる
◎集まった人と談笑
◎何もせずともよし
ご自由に ごゆるりと
4月のごようい
・甘茶（今月のおすすめ？）
・煎茶、珈琲
・ゆったりできる場所
・お坊さんひとり
毎月第1、第3火曜日 無料開放
14時～16時（出入り自由・どなたでもどうぞ）

お寺の気遣いが伝わってくる説明書き

寺でも真似ができる活動です。費用がかかるのは来訪者にお出ししているお茶・コーヒー代くらいでしょうか。共感してくれる寺院には、「とりあえず場を開き続けてみてください」高山さんはそう言います。

事例からの学び

[課題解決]

「らうんじ浄音寺」は、何か課題意識があって始めたわけではないとのことでしたが、利用している人たちを見ていると、「居場所」として必要とされている様子がわかります。お寺としては「いつでも来てください」という気持ちがあっても、利用者としては何か理由がないと行きにくいもの。浄音寺では、日時を決めて「らうんじ浄音寺」と名付けることで、「お寺に行ってもいい日」という認識を持ってもらっています。

[お寺独自の価値]

浄音寺は西新宿という都会に立地しているため、人々の休息の場としての役割が大いにあると思います。平日の午後なので、一人暮らしのお年寄りや、集まる場所のない子育て世代にとってオアシスのような場所となっています。そして、ただ休むだけでも良いのですが、住職や寺族がいることで自然とおしゃべりも始まります。「お寺を頼る」という自覚を持っていなくても、日常の些細な悩みを話してくれたり生活の状況をうかがい知れるので、いざという時に助け合える関係性の土台が作られているのではないでしょうか。

［習慣づくり］

「らうんじ浄音寺」は毎月の開催日時が固定化されているので、利用者にとっては習慣化しやすい活動になっています。急な都合でお休みすることはありますが、そこに場が開かれることが約束されている安心感を持つことができます。そして、足を運べば特に何かの作業や対価を求められることもなく、ただただ「居ていいですよ」「よければおしゃべりもしましょう」と言ってもらえる優しい居場所となっています。都会に浄音寺のようなお寺がもっと増えて、お寺への訪問が習慣化されると、悩める都市居住者の心の癒やしの場となりそうです。

浄音寺ホームページ　http://jouonji.org/

働き方改革でニーズ急増？――お寺のコワーキングスペース

Column

神谷町の光明寺では「テンプルモーニング」を実施した後に、お寺の一室をコワーキングスペースとして開放する試みを実験的に行いました。「テンプルモーニング」にはオフィスを持たないフリーランサーたちも参加しているため、コワーキングスペースは喜ばれました。全く異なる職種の人たちが、お寺の一室でノートパソコンを並べて作業する様子はなかなかユニークです。途中で外出する人には「いってらっしゃい」と声がけをし、戻ってきた人は「おかえりなさい」と迎える。ランチタイムはみんなでお弁当を買いに行き、神谷町オープンテラスで一緒に食べます。お寺なのに、まるで同じ会社で働いているようです。

特定のオフィスがなく、カフェやコワーキングスペースを活用して仕事をしている人のことをノマドワーカーと呼びますが、ノマドワーカーたちも「居場所」を探しています。カフェを使えばコーヒーやお茶を飲むことになり、トイレに立つときは荷物が心配になります。かといって、都心のコワーキングスペースは利用料が高価です。休憩がてら、少し話せる相手が居ると気晴らしにもなります。実はSNSで一時期「お寺のコワーキングスペース」が話題になったことがあり、その需要を訴える声も見えました。山梨県では、一般企業と僧侶たちが連携して「子連れコワーキング」のスペースとして、お寺を開放する取り組みも始まっているそうです。今後働き方改革によって各企業でテレワークが推進されれば「お寺でコワーキング」の需

ユニークな個性が集うコワーキングスペース

要も高まりそうです。

一方で、実際にコワーキングスペースを開くとなるとお寺ごとに課題も出てくることでしょう。例えば、お寺の一室に不特定多数の人が出入りすることに不安を覚えるかもしれません。光明寺の事例では松本さんや木原さんなどお寺側の人が必ず同席することや、「テンプルモーニング」への参加を利用条件とすることでリスクを減らしています。

「お寺でコワーキング」を実施するメリットとしては「お寺で働く」という習慣を共にするコミュニティが生まれることです。光明寺においてもフリーランスのデザイナー、アーティストや会社経営者など、特殊なスキルや地位をもった個性的なメンバーが集っています。「お寺コワーキング」を通じて、お寺を応援してくれる頼もしいチームが結成できそうです。

3 お寺の名物を活かした場づくり

お寺の名物や見どころといえば仏像、伽藍、偉人の墓など歴史的に価値のあるものや、景観、植物など、多様に挙げられます。お寺の名物を活用した場づくりも考えられるでしょう。例えば御開帳や特別拝観などで、多くの人が集まるお寺があります。桜やあじさいなど、季節ごとに見事な花の咲くお寺は、開花にあわせてお参りしたくなります。「一部の観光寺院だけでしょ?」と思われるかもしれませんが、実はそうでもありません。観光ルートに入るようなお寺でなくても、お寺に既にあるものの価値を発見して、見せ方を工夫することで、地域の人たちが集まる場をうまく作り出しています。歴史をたどって名物を復活させたり、地方の名物を取り寄せてしまう発想の取り組みもあります。もちろん、それなりの準備やお膳立ては必要ですが、そのプロセスもオープンにすることで、既存のお寺コミュニティの活性化にもつながります。

みんなで育てるお寺の名物
――静岡県伊豆の国市 正蓮寺「蓮まつり」

静岡県伊豆の国市にある真宗大谷派 正蓮寺は境内で三〇〇鉢もの蓮を栽培していて、地域において通称「伊豆のハス寺」として知られるほどに蓮を大事にするお寺。二〇一七年より、蓮の開花時期に「蓮まつり」を開催しています。お祭りを企画したのは住職の渡邉元浄《げんじょう》さん。

蓮は育成に手のかかる植物ですが、毎年植え替えの際に蓮の根があまって捨ててしまっていることをもったいないと感じていたそう。しかし全ての蓮の根を植えるには人手が足りない。ならば「みんなでやろう！」という発想で「お寺の花しごと」という蓮の植え替え体験イベントを実施。すると今度は「お寺の花しごと」で植え替えを行った蓮がちゃんと咲いたかどうか、「また見に来たい」という声があがります。もちろん、いつでも見に来てもらって構わないのですが、「せっかくだから蓮のフェスティバル、蓮まつりを開催しよう！」と思いつきました。

「せっかくだから」で動き出す行動派の渡邉さんは、蓮についてインターネット等で調べ始めました。今まで考えてもみなかった蓮の市場調査です。蓮は育てるのが難しく、様々な品種があるので園芸店などでよく購入される人気の植物であることがわかりました。蓮まつりでは多様な品種を用意して、気にいったものを購入してもらえるようにしようと考えました。経費を除いた利益は、一人親家庭への支援活動「おてらおやつクラブ」に寄付します。

得意なことや好きなことを持ち寄って「ごちゃまぜ」の場づくり

正蓮寺は以前よりイベントの盛んなお寺です。数年前まで開催していた婚活イベント「お寺で縁結び」では、若い世代の檀信徒が中心となりチームを組んで、スタッフとして渡邉さんを支えてくれました。住職とともに「お寺を盛り上げたい」という熱い思いを持っている人ばかりなので、「蓮まつり」にも協力的です。また蓮についての専門家ともいえる、水生植物専門の株式会社杜若《とじゃく》園芸に協力を依頼しました。一緒にアイデアを出しあい、徹底的に蓮にこだわったフェスティバルを企画しました。多様な品種を取り揃えた「蓮チャリティ販売」。蓮のお茶やお菓子を味わえる「蓮カフェ」。蓮の実が練り込まれた美味しい麺をいただける「蓮麺流し」。親子で楽しめる蓮工作「ハスワーク」に、蓮ファンたちが蓮を語る「ハストーク」など、しつこいくらいの「蓮づくし」です。ここまでやりきれば、否が応にも正蓮寺の名物として蓮が印象付けられるでしょう。

境内に隣接するこども園の園庭ではママさんたちのクラフトマーケットが開催されています。実は私も渡邉さんに誘われて、境内で音楽を流すＤＪを担当しました。実際の現場を見ていて

こども園を運営しているため、子どもの来場も多い

感じたことは、関わる人たちの「得意なこと」や「好きなこと」を渡邉さんがよく把握しており、適材適所の人材配置が行き届いていること。スタッフたちまで「蓮まつり」の場を楽しんでいたことが印象的でした。

また葬儀社や石材店と協力して、終活相談会や墓地の見学会も併催しています。豊かな自然を活かしたガーデニング墓地「はすのさと」を経営する正蓮寺としては、蓮を求めてくる来場者の趣向と重なりそうです。「蓮まつり」の午前中には護持会総会も行われていました。これまでは三月に開いていたものを、あえて「蓮まつり」との併催に変更したのです。多忙な決算期を避け、「蓮まつり」の様子も見てもらえるので、業務的にもスムーズになったそうです。

吉兆のあかし？　双頭蓮が開花！

二〇一八年の蓮まつりの直前には、一本の茎に二つの花が咲く「双頭蓮《そうとうれん》」が開花して話題となりました。「一〇万本に一本」と言われる珍しい現象なので、地元の新聞・テレビ局・ラジオ局などのメディアが取り上げたため、生きているうちにひと目「双頭蓮」を見ようと、二ヶ月間でのべ二千人もの人が訪れたといいます。こういった盛り上がりは檀信徒がよろこんでくれます。「うちはあそこの檀家だから」と誇らしげに言ってくれる檀信徒もいたそうです。

また「蓮まつり」や「双頭蓮」をきっかけに、檀信徒以外のたくさんの人たちが正蓮寺を訪れました。普段はお寺や、正蓮寺が運営するこども園に関わりがなければ、境内に入ってくる人は少ないですが「蓮を見たいから」という理由で中まで入ってくれます。「正蓮寺のお祭り」というよりも「蓮のお祭り」とすることで、檀信徒以外の人たちも参加がしやすく、多様な人々が集まる「ごちゃまぜ」の場が作られました。

事例からの学び

［課題解決］

「蓮の根がもったいない」と始まった企画から、正蓮寺の名物がうまれました。特に、奇跡

双頭蓮の周りには人だかりが

のハス「双頭蓮」は、正蓮寺の四一五年の歴史上初めてのことであり、「この感動を一〇〇年後の後世にも残したい」と、永代に残せる保存方法を検討しています。これまで正蓮寺には目に見える寺宝はなく、日頃正蓮寺を支えてくれる方々とのご縁こそ宝であると考えていました。その思いに変わりはなくとも、一つ象徴として目に見える寺宝が誕生すれば、それをきっかけとする新しいご縁や、既存の檀信徒の思いを次世代、次々世代へとつなぐバトンとなるでしょう。

［お寺独自の価値］

一般家庭では蓮を育てるスペースを確保することが難しく、育成には道具や知識が必要ですが、正蓮寺の境内では約三〇〇鉢を育てています。全てをお寺側でやってしまうのではなく、植え替えは共同作業で行うなど「一緒に育てている」感覚を共有します。家庭菜園用に畑を借りられるサービスと似ているかもしれません。育成プロセスを共有することで、正蓮寺の蓮に特別な愛着をもってもらえます。

また「蓮まつり」当日にスタッフとして関わる人たちが、楽しく過ごしている様子も印象的でした。たくさんのボランティアスタッフでイベントを運営する場合、それぞれの人がいかに「やりがい」を見いだせるかが大事です。適切な出番をつくってあげることで、居場所ができて「やりがい」を感じられます。学校や会社では何をするにも評価がつきまといますが、お寺で何か評価されることはありません。評価の目を気にせず、素直な自分の姿で「やりがい」のある活動に取り組める場だからこそ、関わる人たちがいきいきと楽しく過ごせるのです。

【習慣づくり】

植物は四季に応じて変化があるので、季節ごとに見に行きたくなる点が習慣づくりに適しています。昔から、桜や梅やあじさいなどを名物にしているお寺があるので、日本人には「お寺で花をみる習慣」も根付いています。「蓮まつり」や「双頭蓮」のニュースで初めて正蓮寺を知った人の中にも、継続して通う人が出てきているはずです。

また「蓮まつり」では蓮を購入できるので、各家庭でも蓮のお世話をする時間に必ず正蓮寺のことを思い出してもらえます。時折、購入者からＳＮＳを通じて渡邉さんに「芽が出てこないが、どうすればいいですか？」などの質問が届き、継続的なコミュニケーションにつながることがあるそう。蓮の育成は難しく決して簡単にはいきません。蓮から学べることがたくさんあるそうです。それを渡邉さんは「蓮に育てられる」という言葉で表現しています。

正蓮寺ホームページ　http://shourenji.or.jp

お寺の「関係人口」が関わり続けられるしくみづくり

Column

正蓮寺では、三月に「お寺の花しごと」という蓮の植え替えイベントを行っており、毎年約一〇〇人が参加するそうです。蓮の育成プロセスに参加できるので、開花時期の七月「蓮まつり」には成長を楽しみに再訪する人がいて、お寺のリピーターを作るきっかけになっています。蓮の植え替え作業は、普段なかなか体験できることではないので、東京から来る家族もいるそうです。エリアを超えて、正蓮寺と関わる人を拡大するきっかけになっています。この事例に「関係人口」というキーワードを想起しました。

「関係人口」とは、移住した「定住人口」でもなく、観光に来た「交流人口」でもない、地域や地域の人々と多様に関わる人々のことを指します。

地方圏は、人口減少・高齢化により、地域づくりの担い手不足という課題に直面していますが、地域によっては若者を中心に、変化を生み出す人材が地域に入り始めており、「関係人口」と呼ばれる地域外の人材が地域づくりの担い手となることが期待されています。（総務省「関係人口」ポータルサイトより）

お寺に当てはめてみると、檀家（定住人口）でもなく、観光客（交流人口）でもなく、お寺と多様に関わり続ける人々が、お寺の関係人口といえそうです。東京から伊豆まで蓮の植え替えに来る家族は、まさに正蓮寺の関係人口です。別のお寺では、元々お寺の子ども会に参加していた子が、他県へ引っ越したあとも節分会に家族で必ず来てくれるというケースも聞いたことがあります。居住地と離れていてもお寺のことを大切に思ってくれて、数年に一度でもお寺に来ることを習慣とする人。心当たりはありませんか？

人口減の日本において、地方の定住人口増加は期待しにくいことから、関係人口を増やそうとよく言われています。お寺においても関係人口のような関わり方を意識しておくべきです。距離の離れた人にお寺を身近に感じてもらうにはＳＮＳが活用できます。例えばフェイスブックでお寺のページを作ってフォローしてもらいます。すると、フェイスブックページへの投稿内容がフォロワーに知らされるので、近況を言葉や写真で伝えられます。お寺のお便りを郵送することも効果的ですが、ＳＮＳはコメントのやりとりでコミュケーションが取れる点が便利です。しかしオンラインのつながりだけでは「関係人口」とは言えません。お寺に足を運んでもらうためには、「出番」が必要です。遠方に住んでいる場合は頻繁に通えないので、「蓮まつり」や「節分」など季節感のある行事が適しています。年に一〜二回程度の習慣としてもらえるといいですね。

檀信徒でもなく、近くに住んでいるわけでもないのに、お寺との関係性を大切にしてくれる人は思いがあるので、いざという時に助けとなってくれます。例えば、遠隔地に住む「関係人口」が、お寺を支援する方法として、次に紹介するクラウドファンディングが参考になりそうです。

クラウドファンディングをつかって地域の名物を復活！
――栃木県宇都宮市 光琳寺

栃木県宇都宮市に、地域再生の成功事例として全国から注目を受けている「もみじ通り」があります。シャッター商店街だった「もみじ通り」は、七年をかけて一七店が出店することになり、活気ある商店街へと復活を遂げたのです。しかし、名称の由来であるシンボルのもみじが一本もない。もみじのあった「もみじ通り」の姿を知るのは、地域のお年寄りだけでした。

そこで「もみじ通り」の突き当りにある浄土宗 光琳寺 副住職の井上広法《こうぼう》さんが中心となり、クラウドファンディングを利用してもみじを植樹するための資金を募りました。井上さんにとって初めてのチャレンジでしたが、なんと募集開始から数時間で目標金額を達成し、見事に「もみじ通り」にもみじを復活させたのです。

クラウドファンディングとは？

インターネットを使って資金提供・協力を呼びかける「クラウドファンディング」は、日本においても各社様々なプラットフォームが登場し、誰でも利用しやすいしくみが整っています。

お寺でも文化財・伽藍の修復などにクラウドファンディングを利用するケースが増えています。歴史をたどれば、勧進聖が行った「勧進」はファンディングの元祖。つまりクラウドファンディングとは「インターネットをつかった勧進」とも捉えられ、お寺との相性は良さそうです。

クラウドファンディングを利用したことのない人にとっては、単純に「インターネットで見知らぬ人からお金を集める手段」と思われるかもしれません。しかし実際は、赤の他人が支援することは少ないので、まずは身近な知り合いを中心に支援の輪を広げていくことになります。いかにして「友達の友達」以上の範囲の賛同を得られるかが、成功の鍵であると言われています。よって、支援の基盤となるコミュニティの存在が重要となります。お寺には、檀信徒や日頃お寺に来ている地域の人たちなど、支援の基盤となる「お寺コミュニティ」が存在するので、それだけでも相当なアドバンテージと言えるでしょう。クラウドファンディングという目標に向かって、既存のコミュニティが結束を強め、新たな支援者を増やしていく。お寺のコミュニティを発展させるツールとして活用できます。

朝活習慣のコミュニティ

光琳寺では、毎月一日に「ラジヲ体操と朝参り」という朝活を行っています。活動を始めたのは二〇一六年。「もみじ通り」活性化のおかげで光琳寺周辺に若い人たちが集まり始めている雰囲気を感じ取っていた井上さんは、地域のタウン情報誌の編集長と一緒にラジオ体操を企画します。それまで「三〇代女性」という層をお寺と一番縁遠い存在と捉えていたそうですが、協力者である編集長は正に三〇代の女性。様々なアドバイスを受けながら、三〇代女性に好まれるようなイベントとして改善を重ねました。すると、縁遠いと思っていた三〇代女性がメインの参加層となり、今度はその人たちが自分の母親を連れて参加するようになりました。

ラジオ体操をきっかけに、檀信徒ばかりだった朝参りコミュニティの中に新たな参加者が加わりました。光琳寺のクラウドファンディングは、まさにこのコミュニティの人たちと共に達成したと言っても過言ではありません。

クラウドファンディングへの多様な関わり

クラウドファンディングでは、プロジェクトを支援した人に「リターン」というお返しのサービスを提供するしくみが一般的です。井上さんはリターンを選ぶ際に、地域の人たちと開発したモノでお返しすることにしました。例えば、ラジオ体操に来ている近所の紅茶屋さんに、光琳寺のもみじでブレンドする「もみじ紅茶」を開発してもらいました。[※1]他には、同じくラジオ体操参加者のデザイナーと一緒に「オリジナル御朱印帳」をデザインしました。ラジオ体操のメンバーがリターンの開発に関わることで、「わたしたちのプロジェクト」という気持ちが

参加人数の多さに驚くラジオ体操風景

強まります。

自分が支援したプロジェクトを通じて植樹されたもみじには愛着が湧きます。もみじのトンネルをくぐって朝参りができることに喜びを感じる声がありました。

井上さんも意外だったと語るのが、檀信徒への影響です。お寺に関わりの深い高齢世代はインターネットをあまりやらないので、クラウドファンディングのことはほとんど知られていませんでした。しかし、光琳寺のクラウドファンディング活動が注目されて、地域のタウン情報誌などで取り上げられると、反応が出てきました。記事を見た檀信徒が「もみじの植樹に役立ててほしい」と寄付を持ってきてくれるのです。もしかしたら、クラウドファンディングを使わず、檀信徒だけに「もみじの植樹のために寄付してください」と頼んでいたら、檀信徒側の心情は違ったかもしれません。檀信徒ではない人たちが、光琳寺の参道でもある「もみじ通り」のためにお金を出している。その事実が嬉しくて「自分も協力しなくては」と思ったのではないでしょうか。そして檀信徒たちもまた、見違えるほどに変化した光琳寺の参道をとても喜んでくれています。

※1「もみじ紅茶」は収穫したもみじの葉にカビが見つかったため、リターン提供が翌年に繰り越されました。

事例からの学び

【課題解決】

目に見える課題解決としては、シンボルを失っていた「もみじ通り」にもみじを復活させ、光琳寺参道の魅力をアップさせたことです。誰かが仕方なくお金を出すのではなく、賛同者がポジティブな気持ちで楽しみながらお金を出し合って達成しました。これがクラウドファンディングの力だと思います。

ラジオ体操の参加者の中で、檀信徒ではない人たちは「光琳寺の場を借りている」という意識があったかもしれません。しかし、参道のもみじに関しては、自分たちもお金を出していま

長く続いている習慣、朝参り

す。そのことが光琳寺を「自分の居場所」と感じられる第一歩となったのではないでしょうか。クラウドファンディング実施以降、檀信徒以外の方からの持ち込み企画が増えたそうです。例えば「境内でバーベキューがしたい」という依頼があったり、お寺が檀信徒だけのための場ではなく、町のみんなの場である、という意識が芽生えた一因となっていることでしょう。

[お寺独自の価値]

古くからそこにあり続ける光琳寺が、クラウドファンディングの主体となったことが良かったと思います。かつて、もみじのあった時代を知らない人が中心となるのではなく、その土地に根付いた光琳寺が実施することで、地域住民にとっても応援しやすいプロジェクトになりました。

また、井上さんは五〇年間続いている光琳寺伝統の朝参りに「ラジオ体操」という別の入口をつけて参加者を増やすことで、新しい風を送り込んでいます。朝の清々しい境内や、凛とした本堂の空気感は、誰もが共感できる他に代えがたい価値です。一度でも朝活に参加した人は、光琳寺で過ごす朝の贅沢さを味わってリピーターになります。雨でも雪でも関係なく、埼玉や茨城から来る常連もいるというから驚きです。月に一度の「ラジヲ体操と朝参り」が、参加者の習慣として根付いています。

【習慣づくり】

もみじが復活することにより、毎年の紅葉を楽しみにしてもらえるようになりました。月一サイクルの「ラジヲ体操と朝参り」習慣だけではなく、季節サイクルの「もみじの紅葉」という習慣が加えられたのです。また、クラウドファンディングが地元メディアに掲載され、参道の緑化が進んだことで、散歩がてら寄る人が増えたそうです。毎朝、犬の散歩で来る人が目についた井上さんは、犬を連れてお参りできるようにリードを巻ける専用のポールも設置しました。犬の散歩は毎日の習慣なので、毎日の参拝者が増える設備投資です。

そして「できたら今後一〇年間は毎年クラウドファンディングを実施したい」と考えているそうです。井上さんはクラウドファンディングを「信用や信頼をお金に変える装置」として捉えています。信用・信頼を第一とするお寺がクラウドファンディングを達成することは、お寺の信用・信頼の度合いをチェックする機会となります。お寺をとりまくコミュニティからの評価を客観的に受け止めて「必要とされるお寺」になるため、ある意味「修行」と捉えてクラウドファンディングに挑戦し続けていく光琳寺。今後のプロジェクトが楽しみです。

光琳寺 フェイスブックページ https://www.facebook.com/kourinji

名物のおとりよせで関係づくり!?
――神奈川県川崎市 高願寺「高願寺おとりよせ市場」

神奈川県川崎市にある、浄土真宗本願寺派 高願寺では「高願寺おとりよせ市場」という企画を実施しています。わかりやすくいえば、お寺を中心とする会員制の共同購入のしくみです。不定期で届く会員メールに、各地の旬の「おいしいもの」が紹介されています。例えば、美味しい季節の播磨灘の生牡蠣をグラム単位で注文できます。高願寺が生産者とやりとりしてまとめ購入をして、注文者に寺まで取りに来てもらうというしくみ。お寺までの送料は注文者全員で分担し、生産者から直接購入することで少し安価に手に入れられます。時には市場に出回らないような地産地消の品などもおとりよせ対象となるので、「安い・美味しい・珍しい」ものが手に入ると喜ばれています。おとりよせの発注先となる生産者は、各地の寺院の檀信徒。高願寺住職の宮本義宣《ぎせん》さんの、住職ネットワークをつかって旬の「おいしいもの」を探していることも大きな特徴です。

生牡蠣以外にもこれまでに、ぶどう、お米、海苔、干しいも、アスパラガス、セコ蟹など、各地の旬の名産品をおとりよせしました。現在はおとりよせにかかる実費だけで、手数料などは全くもらっていませんが、「お寺まで取りにきてもらうこと」から檀信徒や地域の人々とのコミュニケーションの機会を増やすことが狙いです。一度でもおとりよせを利用した人は「美味しかった」「また取り寄せてほしい」と喜んでくれていて、話題作りにも役立っています。

仏教のご縁を感じる共同購入ネットワーク

宮本さんがこの取組みを思いついたのは、一〇年以上前にさかのぼります。お寺の行事などで食事を出す際に割り箸を使いますが、使い捨ての割り箸を使うのはもったいないと考えました。そこで奈良県吉野町で作られている高級割り箸なら再利用できると思い、インターネットで注文。するとすぐに生産者から電話があり「自分は浄土真宗の門徒なので、お寺で使ってもらえることが嬉しい」と言われたそうです。この時に地方のお寺の檀信徒による生産物を、都

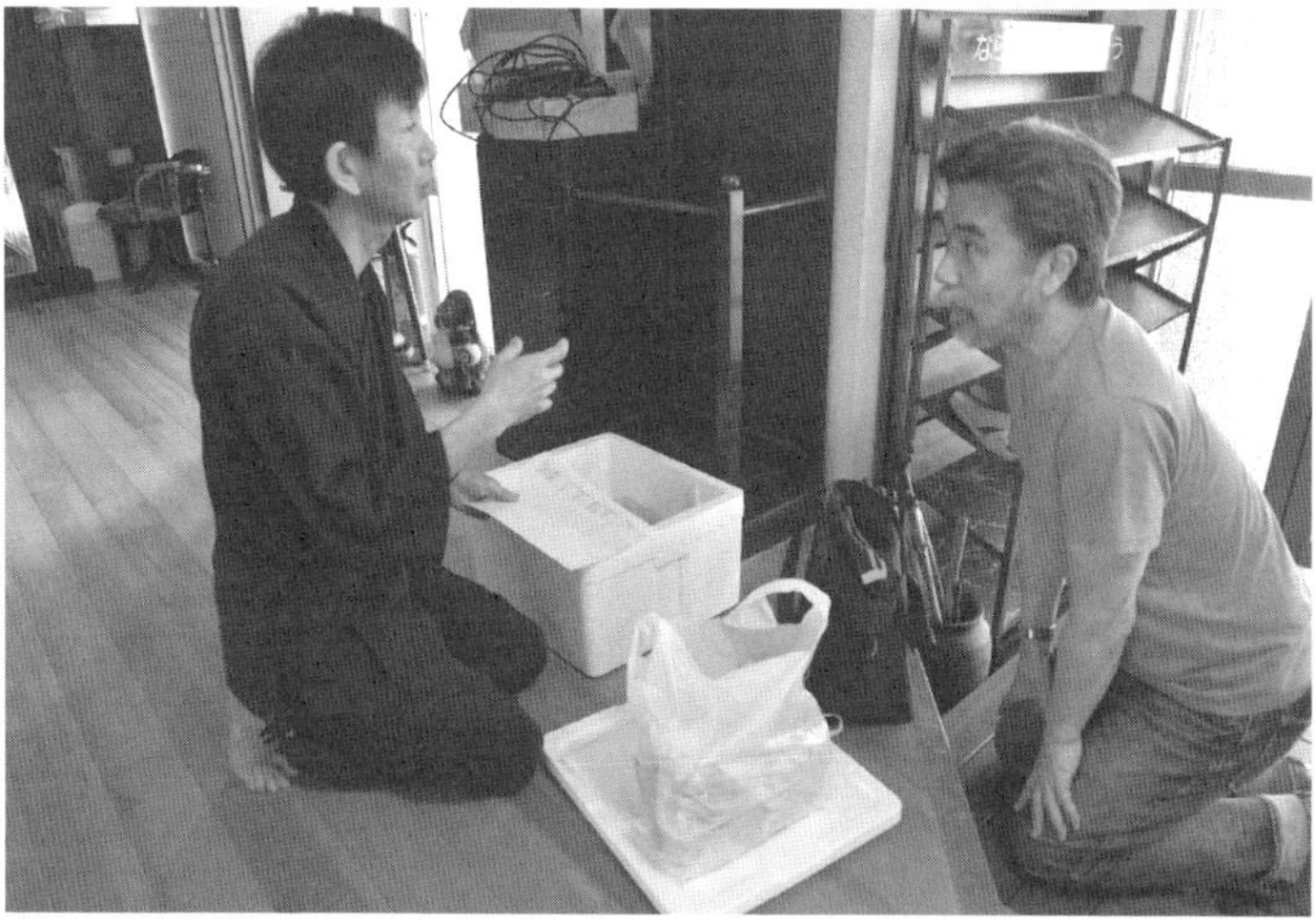

引き渡しの機会に談笑のひととき（写真提供：星野哲）

おとりよせ野菜をその場で食べられるイベントも開催

会のお寺で購入するというしくみを構想しました。また宮本さんは地方の寺院への出張時、それぞれの土地の「おいしいもの」を紹介される機会が多く、これらの特産品をおとりよせできないか？と考えるようになったそうです。

実際に地方の住職とやり取りをして特産品をとりよせると「川崎の浄土真宗門徒の皆さんに、うちの地域の特産品のおいしさを知ってもらえることが嬉しい」と喜ばれます。お寺のネットワークならではの、宗教メンタリティが感じられるエピソードです。これは単なる共同購入にはない一体感なので、できれば宗派を越えて全国の寺院に広げたい。美味しさや嬉しさの背景に仏教のご縁を感じられる取り組みにしていきたいと考えています。

事例からの学び

[課題解決]

かつては日常生活の中で、檀信徒や地域の人々とのコミュニケーションがありました。しかし現在は、お寺のコミュニケーション機能は失われ、以前ほど足が向きにくい状態であると宮本さんは感じています。今こそ、日常生活の中でお寺の存在を感じてもらうべく、お寺らしい「小さなコミュニティ」を作りたいという願いを持ち「髙願寺おとりよせ市場」が実施されています。

実際におとりよせ品をお寺まで取りに来られる方との会話の中で「お寺に来る用事ができてよかった」という声があるそうです。引取日を土日に設定すると、平日は仕事のある次世代の檀信徒が来てくれることもあります。企画内容的にも広い世代に喜ばれるので、次世代の人たちがお寺と関わり始めるきっかけとなりそうです。

【お寺独自の価値】

私自身、全国各地のお寺を訪問することがありますが、住職はその土地の良いところやおいしいものをよく知っていると感じます。ガイドブックには載らないようなお店へ連れていってくれたり、檀信徒のつくる農産物やお酒を紹介してくれたり、この「関係性の力」は地元に根ざしたお寺ならではの力であると驚いています。「高願寺おとりよせ市場」は宮本さんとつながる住職ネットワークで展開していますが、一ヶ寺の取り組みではなく、複数の寺院で横展開して「関係性の力」の掛け算をすると、想像もつかないような可能性があるように思います。宮本さんは今後、他の寺院にも参加を呼びかけていきたいと考えているので、近い将来にお寺から「おとりよせの革命」が起きるかもしれません！

【習慣づくり】

「高願寺おとりよせ市場」では、必ず旬のものをおとりよせ品として選んでいます。野菜や果物、海産物、山のもの、実は何でも旬があります。例えば高願寺でもおとりよせした「あさり」はスーパーで年中買えますが、一番おいしい旬の時期があります。昔は旬のものを食べることが楽しみで、生きている実感にもつながっていました。お寺の行事も、お盆、お彼岸、大晦日、元旦など、お参りすることで季節を感じていたはずです。つまり旬を味わうことは日本人の宗教感覚とも無関係ではないと、宮本さんは考えています。お寺で旬のものをとりよせて生活の楽しみにしてもらうことで、日常的にお寺の存在を意識する習慣づくりを行っていきたいと考えています。

髙願寺ホームページ　http://www.kouganji.net/

4 出張して居場所づくり

「お寺という場のつくりかた」というタイトルとは正反対になりますが、僧侶が出張して場づくりを行っている事例を紹介します。例えば、メディアなどでよく耳にする「坊主バー」もその一つ。東京・四谷の「坊主バー」が有名ですが、東京だけでなく全国各地でお坊さんがバーやカフェなどで悩みを聞いたり、仏教の話をする会が開かれています。遠方から訪れる熱心なファンも増えていると聞きます。

他にも、毎年行われている寺社フェスティバル「向源」では「お坊さんと話そう」というブースがにぎわっています。気軽にお坊さんと会いたい、話したいというニーズが高まっているように見えますが、なぜバーやカフェなどの「出張形式」が人気なのでしょうか。

お寺じゃないからこそ打ち明けられる悩みもある
――長崎県大村市「お坊さんスナック」

長崎県大村市の浄土宗 長安寺の僧侶 吉田武士さんは、課外活動としてお寺以外の場所でいくつかの場づくりを手がけています。大村市内のマジックバーで不定期に開催している「お坊さんスナック」は、吉田さんがＳＮＳで「坊主スナックをやりたい」とつぶやいたことから企画が始まりました。つぶやきに呼応したマジックバー店主が、お店を貸してくれることになり、間もなく「お坊さんスナック」がスタート。インターネット世代らしいスピード感で場づくりが始まりました。

お寺と地域の共生関係

ただの思いつきのような始まり方ですが、吉田さんに「お坊さんスナック」に対する思いを聞いてみました。吉田さんは、お寺の生まれではなく在家から浄土宗の僧侶になりました。現時点では特定のお寺の住職になる予定がなく、そのことを引け目として感じていた時期もあったそうです。しかし思い悩んでいても仕方がないので、その立場を活かして在家出身の僧侶として「自分にしかできないことをやろう！」と思い直したそうです。

それから課外活動として、地元のコワーキングスペースで行われているまちづくりのミーティングなどに参加するようになりました。まちづくりの場に袈裟を着たお坊さんが参加する珍しさと、持ち前の親しみやすい人柄ですぐにまちづくりのコミュニティに馴染みました。地域の人々と一緒に「子ども食堂」や「花まつり」などを協力開催していくうちに、お寺と地域の関わりの重要性に気付きます。「もし、お寺がなくなったとしても地域の営みは続く。しかし、地域の営みが途絶えたとしたらお寺を続けることはできなくなってしまう。〝お寺だけよければいい〟ではないんだ」お寺と関わりを持とうとする人が減少する時代に、社会の変化に応じてお寺や僧侶も変わっていかなければ、もう必要とされなくなってしまうかもしれない。そんな危機感を抱いたのです。変化の激しい現代において、僧侶だからこそ担える役割を探す吉田さん。袈裟を着てまちづくりの輪に入っていくことは必然だったのかもしれません。

「お坊さんスナック」の知られざる魅力

そうした心境の変化の中で、僧侶として地域の人たちとの接点を作りたいと「お坊さんスナック」を構想しました。

マジックバーを会場として借りている形ですが、お店に対して会場費を払うことはなく、また僧侶側が金銭的報酬を得ることもありません。お店側の期待としては、お坊さんスナックへの参加者が飲食をしてくれるということです。また、お店側からは売上の一部を、大村市の「子ども食堂」へ寄付しています。お坊さんの活動の成果が巡って、「子ども食堂」という社会貢献活動の支援になっています。

僧侶メンバーは吉田さんが声がけを行い、浄土宗以外にも曹洞宗や浄土真宗の僧侶も加わり、超宗派のメンバーとなっています。たまたまお酒の飲めないメンバーが集まったので、この「お坊さんスナック」では僧侶側はお酒を飲まず、カウンター越しに対面してゆっくりお話をします。吉田さん自身、普段お寺にいると自らが話す機会は多いものの、相手の話を聞く機会が少ないので、「お坊さんスナック」は「聞く練習」の場とも捉えています。また、お寺での話題は仏事が中心となりますが、「お坊さんスナック」では相手もお酒が入り普段はなかなか話さないような人生相談もしてくれます。自然と相談相手との心の距離も縮まりやすくなります。

僧侶側の相談スタイルは、宗派ごとに特徴が出るようです。浄土宗の吉田さんは傾聴の姿勢で応対し、曹洞宗のお坊さんはしっかりと仏教的な説明を加えるそう。また浄土真宗の尼僧さんは、女性の来訪者に同性としての共感ができるなど、複数名の僧侶で応対する良さが生まれています。スタート当初は単発的なイベントのようだった雰囲気が、徐々に継続感が出てスナックの様相を呈してきたそうです。

客層は四〇代〜五〇代の働く女性が多く、中には毎回の常連さんもいます。仕事帰りに寄り、職場での人間関係の悩みや先々の不安について話します。自らの死について話す人もいて、「死んだら私はどうなる?」という漠然とした不安は、既婚者も未婚者も共通して持っているようです。普段お寺にいるとこういったディープな人生相談に至ることは少ないのですが、「坊主スナック」では具体的な悩みがあらわれてきます。こうした人生相談にのれることは、「僧侶である自分」を実感できるひと時として、お坊さんたちのセルフケアにもなっているのかもしれません。

時折、冗談ぽく「私が死んだらあなたに葬儀をお願いしたいわ」と言われることもあるそうです。例え社交辞令だったとしても、お寺の檀信徒でもない人からそのような言葉をかけても

カウンターの中に超宗派の僧侶たちが並ぶ

らえるとは、やはり地域の誰かのためになっている活動だと思います。

事例からの学び

［課題解決］

吉田さんは今のところ、将来的にお寺の住職となる予定がなく、そのことに引け目を感じている自分がいました。そこでお寺のない僧侶だからこそできることを突き詰めた結果、フットワーク軽く色んな場所で面白そうなことをやるというスタンスになりました。もちろん、お世話になっているお寺での法務はしっかりとこなした上で、外での活動は自費で行っています。例えば、まちづくりの仲間たちとコワーキングスペースを作ったり、「いきなりカレー」という、皆でカレーを作って食べるだけのイベントなど、多様な場をつくっていくことで、地域に顔を知られる存在となりました。それは、普段お寺とご縁のない人たちとの接点を作りたいという課題意識に重なります。

特に、カレーの大好きな「カレー坊主」としての吉田さんは、ＳＮＳを中心に広く知られることになりました。インターネットで吉田さんのことを知った人が、わざわざ遠方から会いに来ることもあるそうです。もはや全国区の人気者。自らの活動を通じて「カレー坊主」という居場所を作ったのです。「〇〇寺のお坊さん」ではなく、「カレーのお坊さん」として自己ブランディングに成功した吉田さんのあり方は、僧侶の新しいロールモデルになるかもしれません。

［お寺独自の価値］

「お坊さんスナック」は、お寺の二階建て構造にあてはめると、一階でも縁側でもなく、「離れ」または「出張所」のような感じです。いくらお寺で場を開いたとしても、菩提寺とのつながりが強い地域などでは、心情的に他宗の寺院には出入りしにくい状況があります。または、全くお寺との縁がない人は「お寺に行ったら檀家の勧誘をされる」と思い込んでいる人もいます。しかし、その中にも仏教や僧侶に興味を持っている人がいることは第1部で説明しました。そのような状況において、お坊さんの催しの参加ハードルを下げられる活動が「坊主スナック」や「坊主バー」ではないでしょうか。また、宗派を越えた僧侶たちが、気兼ねなく集うこ

楽しい話から、人生相談までさまざま

カレー坊主として活躍する吉田武士さん

とができるので、それぞれの特色を活かせる点も大きな魅力となっています。

【習慣づくり】

「スナック」というメタファーが、場の「常連」を生みやすくしています。現在は不定期開催ですがリピーターも増えているので、月二回くらい開催できれば「仕事帰りに坊主スナックで一杯」という習慣が定着する日も遠くはないでしょう。

吉田さんは「とにかく自分が楽しくやれる気持ちに素直に行動している」と言っていたのが印象的でした。楽しんでいる自分を周りの人が見て、お坊さんや仏教になにか興味をもってくれればそれでいい。吉田さんにとっての課外活動は、セルフケアに通じる良き習慣と見ることができそうです。

吉田武士 ツイッターページ https://twitter.com/curry_boz

自己研鑽の場からコミュニティの場へ

――北海道岩見沢市 善光寺「喫茶店法話」

「お茶でも飲みながら、仏教のことに耳を傾けてみませんか?」そう呼びかけて、お寺の近所の喫茶店「ファームカフェ ソラ」で説法の場を開いているのは、札幌からJRで三〇分の幌向《ほろむい》にある浄土宗西山禅林寺派 善光寺 住職の大久保瑞昭《ずいしょう》さんです。

始めたきっかけは「自己研鑽のため」だったと語る大久保さん。浄土宗西山禅林寺派は寺院数が少ないこともあって、他寺院からお説教に呼ばれることがほとんどないそう。説法の腕を磨くために、自ら場を作ることにしました。宗派で学べる法話は、教義を伝えることを目的としたスタイルが完成しています。日頃からお寺に来ている檀信徒にはその法話でも良いかもしれませんが、檀信徒ではない人たちに「法然上人とは…」と説いても、共感を得ることが難しいという実感がありました。葬儀や法事の場で多くの共感を集めたり、仏教の魅力をもっと知ってもらうために、檀信徒以外に話すという選択肢が必要だとわかったのです。

また、お寺は敷居が高いと言われることも動機の一つ。定例法話会を開いても、菩提寺ではないお寺には入りにくいですし、お寺と全くご縁がない人にとってはなおさらのことです。「お寺まで来てもらえないならば、僧侶が出張するしかない」大久保さんの場づくりが始まりました。

聴聞の場であり、相談の場であり、懇親の場

出張説法の場として「ファームカフェ ソラ」を選んだ理由は、「貸し切りにしなくてもよい」

というルールでした。大抵の場所は、レンタル代を支払って貸し切りにすることが条件でしたが、レンタル料を払う場合、参加者に負担をしてもらわなければ継続できません。その点、「ファームカフェ ソラ」は、参加者が何か一つオーダーすれば良いというルールにしてもらえたので、大久保さんにも参加者にも負担の少ない場が実現できました。「ただし、説法中にガラッと入ってきて、スパゲティをオーダーして食べる人も居ますけどね」と、笑って話す大久保さん。お聴聞する人と、お腹を満たす人が入り交じる北国の喫茶店。アットホームな雰囲気が想像されます。

参加者は毎回七～一〇名程度。うち二～三名がリピーターとなっています。善光寺の檀信徒はお寺での法座があるので、喫茶店へはほとんど来ないそうです。「檀信徒以外に法話をしたい」という大久保さんのねらいがうまく叶っています。

まず三〇分ほど法話をしたあとに、質問タイムを用意しています。法話の内容への質問や、一般的な仏事相談。世の中のニュースに対して僧侶の立場から意見を求められることもあります。参加者は基本的に善光寺とは別に菩提寺を持っている人たちなので、菩提寺の住職には聞きにくい仏事の質問をする人もあるようです。

喫茶店法話を続けていると、数名のリピーターが仲良くなり小さなコミュニティが生まれました。中には、お十夜や盆法要にお参りする人もいます。「喫茶店からお寺へ」という導線が

喫茶店に法衣の僧侶がいる光景

少しずつ見え始めてきました。菩提寺を変える人が現れる地域ではありませんが、善光寺の親しみやすさは口コミで広がっているはず。まさに喫茶店法話の場が、善光寺を知ってもらうための「出張所」となっています。

喫茶店法話の様子は、Youtubeでも配信しています。場に興味がある人にとっては、雰囲気を確認した上で安心して足を運べます。また、大久保さんに「お寺の外で法話をする僧侶」という印象がつくので、お寺以外の場所での法話の依頼にもつながります。喫茶店以外でも話せる機会が増えることで、研鑽の可能性がもっと広がります。

喫茶店法話のこれからの課題は「リピーターの増加」です。数年続けていても、なかなかリピーターが増えないことが悩みです。少し法話の時間を短くするなど工夫を加えながら、トライ・アンド・エラーで改善を行っていくとのことでした。

事例からの学び

【課題解決】

法話をYoutubeで公開するなど、露出を増やすことでお寺外部の人々の感想や評価を得るという方法は、自己研鑽の道として理にかなっています。参加者がもう少し増えて流動的になるとより良いですが、これから口コミでじわじわと評判が広まっていくはずです。

Youtube 映像より。テロップ表示を活用

また、結果的に檀信徒ではない人たちのコミュニティが生まれました。現段階において地域では菩提寺と檀信徒が固定化している状況ですが、五年後、一〇年後の状況はわかりません。法話でつながるコミュニティは、これからの善光寺にとって重要なご縁となりそうです。

【お寺独自の価値】

お坊さんが出張してつくる場は「はなれ」「出張所」と表現しましたが、お寺スナックとの違いは「お寺と紐付いた場」であることです。喫茶店のリピーターが善光寺の行事に参加して、菩提寺との関わりや仏事について相談するというユニークな現象が起きています。仏事に悩む人が、菩提寺に直接聞けないことをセカンドオピニオン的に本職の住職に聞けることはとても助かるはず。大久保さんご自身は、他寺院の檀信徒をサポートすることに対して

「正直なところ、ジレンマがある」と笑って言いますが、その真摯な姿勢が周囲の評判につながり、善光寺への信頼が高まります。菩提寺がどこであれ、地域において仏事の継承を絶やさないことが、長い目でみて善光寺の未来に大切な取り組みだと感じます。

［習慣づくり］

善光寺では、「善光寺ごく楽寄席」という、落語の会も行っていて盛況です。昔は、法座が今で言う「ライブ」のように気軽に聴きに行ける文化があったと語る大久保さん。目標は「古き良き法座の文化を再び浸透させること」です。まさに、法座を習慣と捉えて、現代的な再興を目指しています。

一人の僧侶の思いで「法座文化の再興」を実現することは難しいかもしれませんが、大久保さんと同じ思いを持つ仲間は全国各地にいます。次のコラムで紹介する取り組みは、超宗派の僧侶がチームとなって法話会を開催している事例です。

善光寺 住職ブログ　http://blog.livedoor.jp/zenkojinamu/

Column

また会いたくなるお坊さんに出会える――「H1法話グランプリ」

二〇一九年六月二日、兵庫県の真言宗須磨寺派大本山 須磨寺にて、とある大会が行われました。宗派を超えて各地から八名の僧侶が集い法話をする、その名も「H1法話グランプリ～エピソード・ZERO～」です。四〇〇枚ほど用意されたチケットは即完売。キャンセル待ちの枚数はなんと一六〇〇枚を越えたそうです。毎日新聞をはじめとする多数のメディアにも取り上げられ、関西を中心に話題を巻き起こしました。F1、K1、M1、R1…世の中にグランプリは数あれど、法話のグランプリとは珍しい。グランプリと名乗ることに「法話は優劣をつけるものではない」という声も聴こえてきそうですが、発案者の思いは単純な勝ち負けのグランプリではありません。

「H1法話グランプリ～エピソード・ZERO～」実行委員会の代表をつとめたのは、会場となった須磨寺の副住職である小池陽人《ようにん》さん。小池さんご自身、Youtubeで法話を配信するほど、法話に熱心な人です。

そもそも「H1法話グランプリ」を考えたのは小池さんではありません。小池さんはテレビのニュースで、栃木県にて真言宗豊山派の僧侶たちが「H1法話グランプリ」を開催していることを知りました。企画・主催をしていたのは同派青年会会長だった市村直哉さん（栃木市 東光寺 副住職）です。ニュースをみて感動した小池さんは「自分も参加したい！」と、市村さん

8名の僧侶が登壇し、満堂の会場は熱気に包まれた

へ連絡。「H1法話グランプリ」を兵庫県でも開催する承諾を得ました。そして小池さんは、この取組みを栃木県と兵庫県のみではなく全国規模で、宗派の枠も越えて実施したい、との思いから「未来の住職塾」の塾生を中心とする全国の僧侶たちに呼びかけて実行委員会をつくりました。

一人でも多くの人に仏の教えに触れてもらうために、世の中の人々の注目を集められそうな名称「H1法話グランプリ」を使わせてもらい、まずは兵庫県の自坊を舞台に「エピソード・ZERO」として企画をしたのです。法話は勝ち負けではないので、投票の基準を法話の技術や話の善し悪しではなく「もう一度あいたいお坊さん」としました。より多くの聴衆がもう一度あいたいと思った僧侶に、トロフィーが渡されるというルールです。

実行委員会で何度も打合せを重ね、約半年をかけて企画・告知・チケット販売・運営まで行いました。結果は冒頭に書いた通り満員御礼の大盛況。実行委員会のメンバーたちは、大きな達成感と法話の可能性を実感しました。「これは、千人や二千人規模の会場でも満員にできる!」

しかし小池さんはもっと大きな会場を目指すつもりはありません。「H1法話グランプリ」のコンセプトは「また会いたくなるお坊さんに出会える」ことです。大きな大会を志向していくことはコンセプトに反しています。むしろこの開催ノウハウを横展開して、小さくてもいいから全国に「H1法話グランプリ」という名の超宗派の法話会を増やしていきたいと考えています。例えば「喫茶店法話」の大久保さんのような人が中心となって各地の大会を開き、その地にあわせた法話文化の花が開くことを期待しています。

一つの寺院、一人の僧侶の「点」の活動では成しえない目標でも、複数の寺院、複数の僧侶が集い、また必要に応じて他業種とも協力して「面」となることで社会に影響を与えるような活動を生みだせます。今回の「エピソード・ZERO」でも、ポスターや宣伝動画などビジュアル面をバックアップするクリエイターや、舞台上の演出面をサポートする舞台監督、さらには毎日新聞社の協力のもと、インターネットのライブ配信まで行われました。「エピソード・ZERO」は他業種とのコラボレーションという面でも実績を残しています。これらの大切なノウハウを一つの事例に埋もれさせずに共有していきたいという小池さんの心意気は素晴らしいです。

H1法話グランプリ ホームページ　https://www.houwagrandprix.com/

5　子どもたちの学びの場

かつて寺子屋があったように、子どもが学べる機会を設けているお寺は多いです。例えば、元教員の檀信徒が夏休み・冬休みの宿題を教える自習室や、書道やそろばん等の習い事。今風の事例ではプログラミング教室まで多彩です。お寺の学び場は、一般の学習塾や習い事教室と何が異なるのでしょうか？　私の実感としては、学力向上や技能習得についてのコミットメントをあまり求められず、交流や遊びを含めた場づくりが可能となっている点があります。お寺としても勉強だけではなく、お寺や仏教に親しんでもらう機会として有用です。さらに、背景には「これからの社会を担う子どもたちが安心した日々を送れるように」という願いが感じられます。

地域の子どもたちのセーフティネットを目指す

――愛知県名古屋市　教西寺「寺子屋活動」

愛知県名古屋市にある浄土真宗本願寺派 教西寺では、子ども向けの様々な場づくりを行っています。教西寺を切り盛りしているのは、継職したばかりの住職 三宅教道《きょうどう》さんと坊守の千空《ちひろ》さん。三宅夫妻は、三人の子どもを育てながら地域の子どもたちのための場づくりを行ってきました。

お寺生まれ、お寺育ちの住職夫妻

三宅夫妻が子ども向けの場づくりに取り組んできた理由は、二人の育った環境にありそうです。教道さんは龍谷大学、千空さんは京都女子大学出身ですが、二人とも「宗教教育部」という、お寺で子ども会を行うサークルに所属していました。

教道さんが大学に入学したばかりの春。いとこのお寺へ遊びにいった際に、ちょうど花まつりが開催されていました。そこで子どもたちと遊んでみたところ、とても楽しかったという原体験があります。人前に出ることが苦手なタイプだった教道さんですが、宗教教育部では子ども会などで前に出て話す機会が多いので、その経験から人前でも話せるようになったそうです。その後、武蔵野女子学院の教員となったので、宗教教育部での経験は大事な転機だったと振り返ります。また、宗教教育部時代に影絵劇研究会の会長となり、制作や稽古に没頭していたそう。いつか自坊でも、影絵劇をやりたいと密かな思いを抱いていました。

坊守の千空さんの実家は宗門の保育園を運営。常に小さい子がまわりに居る賑やかな環境の中で育ち、子どもたちと元気に遊ぶのが好きでした。お寺の林間学校を毎年楽しみにしていて、高校生の時にサブリーダーも務めました。その後、京都女子大学へ進学の折に先生や先輩から、宗教教育部を訪ねなさいと勧められます。実際に入ってみると「ここは私が楽しいと思っていたことをやれる場だ！」と水を得た魚のように、子ども会の活動にまい進しました。

そんな二人が宗教教育部で出会い、結婚しました。

はじまりは影絵劇サークルから

教道さんは東京で一三年間教鞭をとった後、名古屋の自坊へ戻ってきました。千空さんは早く地域に馴染みたいと、幼稚園ママ友つながりの読み聞かせサークルに参加します。サークルのママさんたちとの交流の中で、教道さんが専門としていた「影絵劇をやってみたい」という声があがりました。これが最初の場づくりにつながります。影絵劇はスキルを要するため、大人向けの活動としてスタートしました。大人が演じて子どもたちに見てもらうのですが、影絵劇を好きになった子どもたちが、中学生になってから影絵劇サークルに参加するようになります。最初に始めた影絵劇が、教西寺の様々な活動の基盤となっています。

教西寺の子ども向け活動として寺子屋が始まったのは、小学校のＰＴＡ活動のご縁でした。

客殿にて勉強。ジュースやおやつはご自由に

本堂にて、三宅千空さんが紙しばいの読み聞かせ

夏休みの期間、ラジオ体操をしたあとに勉強をみてほしいという依頼があったのです。読み聞かせのサークルなどで参加を呼びかけ、集まった子どもたちがまた友達を連れてくるので、どんどん参加者が増えていきました。

寺子屋が開かれるのは夏休みのうちの五日間。朝のラジオ体操を終えた子どもたちが教西寺の本堂に集まって正座でおつとめをします。五分くらいの短い法話のあとは勉強タイム。三宅夫妻はこの取組については「自分たちは無理をしない」と決めており、特に勉強を教えたりはせずに子どもたちの自主性に任せています。

途中で「ひと口おやつ」を出します。おやつといっても甘いものではなく、ナゲットやウインナーなどちょっとお腹にたまるもの。その日に何のおやつが出るのか、みんな楽しみにしているようです。家とは少し違う特別感が、子どもたちが通ってくれる秘けつかもしれません。宿題が終わった子は徐々にボードゲームやバドミントンなどの遊びに移っていき、しばらくするとお迎えのお母さんもやって来て、少し一緒に過ごしながら子どもたちの見守り役になってくれます。

子どもたちの居場所を目指して

教西寺の子ども向け活動の根底にあるのは、もしもつまずいた時に、お寺が頼れる場所であることを知ってほしいという思いです。お寺が、親以外の大人に相談できる場所となり、悩みがあるときに声をかけてもらいたいと願っています。その思いを、押し付けるのではなく自然に伝わるような工夫が、教西寺の活動や場づくりの随所にこめられています。

わかりやすい一例としては「おてらカード」を用意しています。子どもが集めたくなるような名刺サイズのカードに教西寺への連絡先や、写真がプリントされています。このカードに「こまったときは まわりのおとなに きいてね」「いろんなひとに たよるのは たいせつなことだよ」など、教西寺から子どもたちに伝えたい言葉が書いてあります。「おてらカード」は、作っておけば渡すだけの手軽さなので負担なく続けられる取り組みです。

事例からの学び

［課題解決］

ニュースをつければ、子どもに関わる痛ましい事件が毎日のように聞こえてきます。虐待、いじめ、子どもの自殺など、今に始まったことではないですが、複雑化する社会において問題が多様化していることも事実です。教西寺の活動の根底にある「もしもつまづいた時に、お寺を頼ってほしい」という願いは、将来の子どもの世界に対する危機感によるものです。お寺が地域の子どものためのセーフティネットになれればという思いで活動しています。

教道さんは法事で来られた家族に法話をする時に、子どもの目線にあわせて法話をすることがあるそうです。例えば家族の中に五歳の子がいれば、その子に「君にむけて話すね」と伝えて、五歳児でも理解できる言葉、内容にして話しています。その子が法話に頷く様子を見て、周りの大人たちも笑顔になります。親たちも、子どもを通して法話を聴いてくれるのです。幼いからまだわからないだろうと諦めるのではなく「きっと何か感じることがあるはず」と、子ども向けに語りかけることはとても大切だと感じます。子どもにとって、住職が身近にいる親切な大人として認識されるだけでなく、心の悩みや問題についても相談にのってくれる相手として理解されるからです。

[お寺独自の価値]

教西寺の寺子屋ならではの提供価値は「安心して子どもを預けられる信頼関係」にあると思います。信頼関係は三宅夫妻が築き上げてきたものであり、またお寺の歴史にも依るものです。安心感を支える要因として、地域の小中学校との連携も挙げられます。教道さんが以前、中学校でPTA役員を務めていたご縁から、中学校の「職場体験」プログラムの行き先として選ばれました。中学生たちが衣を着る練習をしてお参りの作法を習い、住職の月参りにも同行するそうです。同様に、小学校では「まち探検」プログラムの訪問先となっています。「まち探検」というのは小学校の授業で近所の八百屋さんやお花屋さん、おもちゃ屋さんなどに子どもたちが訪問し、見聞きした内容を発表するというもの。どちらも教西寺は人気の訪問先となっているそうです。

寺子屋を継続していてよくある悩みとして、お寺の子どもの成長とともに、子どもとの接点がなくなってしまい、寺子屋の参加児童を集めることが難しくなるという声があります。教西寺も末のお子さんが中学生になった際に、同様の心配がありましたが「まち探検」のおかげで小学生からの認知が高く、寺子屋への参加児童の数が安定しています。また、子どもを通じて親にも認知されるので、教西寺の安心感が担保される大切な取り組みとなっています。

【習慣づくり】

夏休みの子どもたちにとって、ラジオ体操は習慣にしやすいものです。勉強の時間もあるので、親も積極的に子どもを行かせたくなります。子どもたちとしては塾に行くのとは違う気持ちで「勉強してもいいけど遊んでもいい」という自由な空気を楽しみに通うのでしょう。教西寺の寺子屋は子どもたちにとっての「良き習慣」になっています。

成長の過程でお寺との関係性が途絶えたとしても「夏休みにお寺へ通った」という記憶は残り続けます。これからの人生で何かあった時に「お寺を頼る」という選択肢をいかに習慣化できるかが、教西寺の活動の目指すところです。継続には苦労も伴いますが、その思いを大切に活動し続けることで、教西寺の将来にとって大切な「これからの人」とのつながりが増えていくのです。

教西寺ホームページ　http://www1.m1.mediacat.ne.jp/kyosaiji

6　母親のための子育て支援の場

子どもたちの学びの場の事例を紹介しましたが、親の目線に立って子育て支援や、父母の集いの場として開かれているお寺もあります。三〇代～四〇代の若い住職や副住職が、自身も育児をしながら、当事者性をもって取り組んでいるケースが多いと感じます。

緑豊かなお寺は訪れるだけでママたちの癒やしに
――千葉県千葉市 本休寺「ぴよこの会」

千葉市緑区にある日蓮宗 本休寺では子育てサークル「ぴよこの会」を、一〇年以上も続けています。最寄りとなるＪＲ土気《とけ》駅から車で一〇分とかからない立地ながら、昔ながらの村の風情が残る場所に本休寺はあります。住職の岩田親静《しんじょう》さんと、妻の彩加《あやか》さんのお二人でお寺を切り盛りしています。

子育てサークル、始まりの経緯は「お寺あるある」

本休寺の子どもが〇歳の時に、彩加さんが地域の子育てサークルに参加しました。メンバーが集まる場所として、最初は岩田家の自宅部分を提供していたそうですが、徐々に輪が広がり人数が多くなったので、より広いお寺の本堂を利用することになりました。これは「お寺あるある」かもしれませんが、住職夫妻はあまりお寺を空けられないので集まってもらうほうが望ましいのです。そのような経緯から本休寺で「ぴよこの会」が集うようになり、今や一〇年を超えるロングランの会になっています。

教西寺の事例でも少し触れましたが、子どもたちを軸とするコミュニティは継続に難しさがあります。子どもは成長するとコミュニティを卒業していきます。新たな参加者を募るにも、お寺の子どもが成長すると、勧誘できるコネクションが途切れてしまうからです。

本休寺においても同様の悩みがありますが、様々な試行錯誤をしながら、お寺を習慣とするコミュニティを上手に運営していると感じます。

アメーバのように広がり続けるコミュニティ

「ぴよこの会」は乳幼児と、そのママたちを対象とした会ですが、親静さんは小学生の子どもたちを集めて「子ども会」を作りたいと考えていました。若い頃は子ども嫌いだった親静さんですが、本休寺の前につとめていたお寺で三〇年以上続く素晴らしい子ども会を目の当たりにしていたのです。「いつか自坊でも」と考えるようになり、本休寺において、自分の子どもたちが連れてくる友達を中心に「子ども会」を始めました。

一方、本休寺では乳幼児むけの音楽教育「リトミック教室」が開かれるようになります。こちらは元々、息子を通わせていたカルチャーセンターが閉鎖され、教室がなくなってしまった講師を本休寺へ迎えることになりました。「ぴよこの会」に来ている親子たちも参加してくれています。

乳幼児の集まりは彩加さん、子ども会は親静さんという役割分担で、本休寺のママ&子どもコミュニティが広がっていきます。

「ぴよこの会」から成長して「子ども会」へと移ってくる子もいましたが、本休寺の子どもたちが大きくなると、今度は「ぴよこの会」への勧誘が難しくなり、参加者が集まらなくなってしまいました。ママや子どもたちとの関係性の起点である「ぴよこの会」が縮小してしまう

広くて集いやすい本堂

と「リトミック教室」や「子ども会」の参加者も減ってしまいます。

しかし「もうその必要もないのでは？」と思ってしまうほど、本休寺のコミュニティは多様かつ充実しています。ヨガ教室、書道教室、写経会、映画上映会、うどん打ち、夏の自習室、など様々な教室やイベントを開催しています。そして重要な点は「ぴよこの会」ＯＢのママさんたちが、本休寺が新しく始める催しのモニターとなってくれることです。住職夫妻と世代が近く、いい意味で遠慮なく意見を出してくれます。お会式など寺の行事を手伝ってくれたり、本休寺にとってかけがえのない存在となっています。親静さん曰く、本休寺は彩加さんとママコミュニティなしにはまわらない、とのことです。普段は「ぴよこの会」ＯＢ限定の茶話会を通じて関係性が続いています。

事例からの学び

[課題解決]

親静さんが大きな課題意識を持っていること。それは、これからますます人口が減っていく地域社会において、いかに「納得してもらえるお寺」としてあり続け、葬儀や法事をつとめてくれる人を維持し続けるかということです。そのためには共益性と公益性が必要であると語ります。共益性は普段からお寺を支えてくれる檀信徒に対してしっかりと恩返しすること。公益性は、税制が優遇されている寺院は地域社会に対しての貢献が大切だということ。この事例で紹介した様々な取り組みは、公益性に資するものとなります。寺院の収入に直結するような事業ではありません。むしろ、時間や労力をかなりつかっていて「なぜそこまでして」と思うほどですが、親静さんはこれが大切であると信じて実行し続けています。それを支える彩加さんは、田舎のお寺育ちであることから「人がこないお寺はお寺じゃない」という自負があり、パワフルに本休寺の新たな仲間さがしを続けています。

[お寺独自の価値]

「ぴよこの会」OBママさんたちの間で、様々な情報の交換会が行われるそうです。例えば、各家族の兄妹の年齢なども把握していて、幼稚園の入園時に購入しなければならない制服や体操服などのおさがりを融通しあっているようです。まるで大きな家族のようだと感じました。

節分会。子どもたちと「鬼は外」

遠くへ引っ越していったOB家族が、節分などの行事のタイミングで本休寺を再訪するというエピソードなどもあり、コミュニティのメンバーが、本休寺を第二の実家のように感じていると思えます。

駅からそう離れていないのに緑豊かな自然も、故郷のように感じられる点かもしれません。リトミックの先生が「本休寺は自然に囲まれてやすらげる場で、自分自身もリラックスできるので、きっと生徒のママさんたちも同じように感じているはず」と言っていました。日頃、ストレスの多いママたちが集まるには最適の場所です。

【習慣づくり】

節分、花まつり、お会式などのお寺の行事が季節感を伝えてくれます。特に節分と花まつりは子どもたちが主役の行事なので、檀信徒以外でも参加しやすいでしょう。引っ越していった家族も子連れで再訪したくなる行事です。もし子どもが大きくなって「ぴよこの会」や「子ども会」を卒業したとしても、こういったお寺の行事やOB茶話会といった習慣を通じてつながり続けることで、将来的に有事の際には本休寺を頼りたいと思う人も出てくるでしょう。

本休寺ホームページ　http://honkyuji.net/

障がいをもつ子と家族のための場づくり

——東京都豊島区 勝林寺「お寺でくつろぎば」

二〇一九年三月、東京都豊島区の臨済宗妙心寺派 勝林寺にて「カリー寺」というイベントが開催されました。元々は兵庫県尼崎市の浄土真宗本願寺派 西正寺ではじまったお寺のカレーイベントを全国各地に広げていこうという動きの中で、勝林寺でも開催されるようになりました。隣接する染井霊園は満開の桜が咲く中、老若男女が勝林寺に集まってカレーを食べて音楽にあわせて踊る、楽しい一日を過ごします。「カリー寺」は年に一回ですが、他にも坐禅会やヨガなどの日常的な場づくりを行っており、檀信徒以外の人々も多く出入りしているお寺です。

人と暮らしの間にあるお寺

住職の窪田充栄《じゅうえい》さんに、様々な活動を行う理由を聞いてみました。「お寺は人の死を取り扱う特殊な場所であると思われていますが、実際は死者と関わっているのではありません。やはり、今生きている人たちとの関わりの上で成り立っています。生きている人に、暮らしの中でお寺があって良かったなと感じてもらえることが大事です。」

人間という単語は「人」という字と「間」という字があわさってできています。つまり人と人の「間《あいだ》」があってこそ「人間」です。そこで、勝林寺では「人と暮らしの間にあるお寺」というキャッチコピーを考えました。人と暮らしの間、または人と人の間、そこにお寺が入ることで、関わった人たちが明るい表情をするようになったら、それはきっと檀信徒や地域社会から必要とされるお寺なのです。

切実な当事者性から生まれた場

そんな勝林寺で、二ヶ月に一度開かれる場が「お寺でくつろぎば」。障がいや病気を持つ子どもたちの家族が集まり、一緒に楽しく過ごせる場となっています。「お寺でくつろぎば」が開かれるようになった理由は、他でもない窪田さんの当事者性にありました。勝林寺には三人の子どもが居ますが、二人の子がハンディキャップをもって生まれました。「それは自分にとってのグリーフだった」と語る窪田さん。子どもを連れて公園に行けば、鼻からチューブを出している我が子を見られる視線を痛く感じました。「普通の子育てができない」という喪失感の中で、前を向くことが難しい状況が続きました。もちろん、看護も大変です。一息つく間もないほどに、目まぐるしく過ごす日々。ある時、病院の待合室で本当に疲れ切っているお母さんたちを目の当たりにして、「自分もこうなるかもしれない…」と気づきます。せめて同じ悩みを持つ親たちと、思いの共有や情報交換をしたい。インターネットでつながることはできますが、やはり顔を見て話すことが大事です。実際に会える場が欲しいと自分でも思うようになりました。この思いが「お寺でくつろぎば」のきっかけです。

参加対象者は「障がいや病気のある未就学児とその家族」。集まって話すだけではなく、みんなでご飯を食べます。子どもたちに色々な経験をさせたいと、移動型の水族館やプラネタリウムをお寺に呼んだり、節分やお花見などの季節行事を一緒に行います。公共の場に子どもを連れて行くと、どうしても人の目が気になってしまいますが、この場では「みんなそういう子だから」と、親たちもひと目を気にすることなく安心して過ごせるのです。

子どもたちへの様々な体験提供に加え、看護で疲れている親たちに「なるべくくつろいでほ

くつろぎ場の一コマ。座布団でリラックス

しい」という目的を第一と考えているそう。そのためにボランティアスタッフにも手伝ってもらい、くつろぎの場づくりを心がけています。協力してくれるスタッフは、主に勝林寺の坐禅会やヨガなどの活動に参加している人たち。区の福祉課の保健師さんたちも来てくれて、万が一子どもの体調が悪くなっても素早く対応が可能です。参加者が平均二五名程度に対して、ボランティアスタッフが一五名程ついている万全の体制です。

参加者は首都圏を中心に全国から集まってきます。告知はインターネットで行う他に、訪問看護ステーションでチラシを配布してもらい、口コミなどで徐々に広がっているようです。学校に行けるようになるまでは、親同士のコミュニティにも入りにくいことから

「未就学児」のいる家族を対象としました。

勝林寺ならではの七五三参り

また「お寺でくつろぎば」の延長上の活動として「障がいのある子でもお参りできる七五三」を企画しました。七五三のお参りは「寺社に迷惑をかけてしまうかもしれない」と気が引けてしまう親が多く、もしやるとしても着物やヘアメイクなど準備も大変です。勝林寺ではその気持ちがよくわかるので「ひと目を気にせず、手ぶらでお参りできる七五三」として考えました。子ども用の着物は檀家さんから寄進してもらったり、ネットオークションなどで手に入れたものを取り揃えています。お寺と親交のある美容師・カメラマンにも来てもらい、撮影を行います。ボランティアの看護師も付いてくれて、安心して勝林寺の本堂で七五三のお参りができます。家族の精神的な負担が少なく、とても喜ばれているそうです。すると近所の子どもたちの中にも、勝林寺で七五三をしたいという声があり、受け入れるようになりました。

他にも、オリジナルの「こども車いす」マークを制作して販売を行っています。子ども用の車いすはベビーカーと似ていて、ひと目見ただけでは車いすだとわかりません。障がいや病気を持つ子どもたちが、家族と一緒に安心して楽しくお出かけできるようにと、このマークをつくりました。売り上げの一部を「お寺でくつろぎば」の運営資金として役立てています。

生き物にさわれる移動水族館

怪獣のデザインがかわいい「子ども車いす」マーク

事例からの学び

[課題解決]

医療の発達で、昔では救うことのできなかったはずの小さないのちが救われるようになり、障がいを持つ子どもも増えてきています。しかし、その子どもと家族が生活のしやすい社会には至っていないと、窪田さんは考えています。行政の協力を仰いだり、自分のできる範囲で活動していますが、まだまだ受け皿は足りていない状況だそうです。勝林寺はその当事者性から「障がいや病気をもつ子どもと家族」を支援するための場づくりを行っていますが、それ以上のことまではできません。自分のできる範囲は限られているという自覚があるのです。しかし、全国にたくさんあるお寺が、勝林寺のようにそれぞれの抱える課題に対して何か一つ取り組むことができれば、それは社会を支える大きな力になるだろうと感じています。

[お寺独自の価値]

お寺はパブリックな場でありながら、プライベートな空間も備えているので、「気軽に出入りのできる安心の場」を作りやすいのです。「お寺でくつろぎば」のような取り組みにはぴったりです。人々の厚意や協力を集めやすい側面もあり、坐禅会やヨガなどの別の集まりに来ている人々や、特別な技能を持った人たちがボランティアで参加してくれています。日頃からお寺を開いている勝林寺だからこそ、風通しの良いコミュニティが形成されています。

また窪田さん自身「普通の育児ができないグリーフ」を抱えていますが、お寺という場は死別というグリーフを抱えた人と接する場でもあります。「当事者性のある場には嘘がない」と表現する窪田さんは、日常的に人々の様々なグリーフと向き合っている存在。葬儀や法事の場を司る僧侶だからこそ可能な安心の場づくりがあるのです。

【習慣づくり】

勝林寺の「人と暮らしの間にあるお寺」というキャッチコピーは、まさに習慣の中に存在するお寺をあらわしています。そのために、まずは一回でも来てもらいハードルを下げたいという思いで「カリー寺」のようなお祭りをしています。そして「また来たい」と思った人のために坐禅会やヨガなどの定期開催の「寺子屋」を用意しています。この「寺子屋」がうまくコミュニティ化して、勝林寺の常連さんとなり、「お寺でくつろぎば」など特別な催しをサポートしてくれるという良い流れができています。

「お寺でくつろぎば」では、節分や花見など季節を感じられる企画を通して習慣性を意識しています。看護で日々忙しくしている親たちが、お寺でホッと一息ついて子どもと一緒に季節を感じられる。かけがえのないひとときを提供しているのです。

勝林寺ホームページ　https://www.mannen-syourinji.com

Column

全国に広がる「気持ち」の受け皿――「おてらおやつクラブ」

一人親家庭など、経済的に困窮している家庭を支援するお寺の活動として「おてらおやつクラブ」があります。「おてらおやつクラブ」は、お寺にお供えされるさまざまな「おそなえ」を、仏さまからの「おさがり」として頂戴し、子どもをサポートする支援団体の協力の下、経済的に困難な状況にあるご家庭へ「おすそわけ」する活動です。物資を送ることをきっかけとして、貧困家庭と支援団体をつなぐ、後方支援の役割を担っています。そのしくみが評価され、二〇一八年にはなんとグッドデザイン大賞を受賞しました。「物の意匠」ではなく「しくみの美しさ」が大賞をとったこと、しかも寺院を中心とした団体の受賞というのは、六〇年以上の歴史を持つグッドデザイン賞において初の快挙です。審査委員の評価を見てみると、活動の意義とともに「既存の組織・人・もの・習慣をつなぎ直すだけで機能するしくみの美しさ」が評価されたとあります。活動の運営母体となっている特定非営利活動法人おてらおやつクラブ代表理事であり、奈良県の浄土宗 安養寺住職の松島靖朗《せいろう》さんは、これを「お寺の〈ある〉と社会の〈ない〉をつなげる活動」と表現しています。松島さんは従来、寺院で行われてきた「おそなえ」や、近所の家同士の「おすそわけ」など、普段目立つことはなくとも全国にしっかりと根づいている習慣に光をあて、「ある」を見出しました。お寺の「ある」の価値や、社会の「ない」の存在を知らせていくことも、自分たちの役割だと考えています。地域において長らく続いてきている寺院が、当たり前にやっていることの中に、まだまだ社会の「ない」とつなげられる「ある」が眠っているように思います。

「おてらおやつクラブ」の活動が始まって間もない頃、たまたま私が訪問していたお寺に、近所の人が大量のお菓子を持ち込まれたことがありました。わざわざスーパーで購入した袋を抱えた壮年の女性はこう言っていました。「生活には少し余裕があるから、誰かの役にたちたいのだけど、今の時代、募金や寄付をしたって本当に困っている人たちに届いているのかわからないでしょう？　でも、お寺のお坊さんなら、本当に困っている人たちにちゃんと届けてくれると思って。」私はこの場に居合わせて、お寺は「なんとかしたい気持ち」の受け皿として、社会に認識されているのだと実感しました。

今では賛同寺院は一二〇〇ヶ寺を越え（二〇一九年六月現在）、全国の「なんとかしたい気持ち」の受け皿として機能しています。グッドデザイン賞の審査員評価でも、同じ地域にある寺院と支援団体で支えることが安心感につながっていて「それができるのは、寺院が各地域にくまなく分布するある種のインフラだからだ」とありました。寺院が全国に広がる社会インフラであると捉えられ、そのネットワークに期待が寄せられています。「おてらおやつクラブ」は、全国の寺院と様々な組織・機関が協力しあう活動の先駆的事例ですが、組織の壁を越えてお互いの強みを出し合い社会的課題の解決を目指すような活動が、お寺からどんどんと生まれてくることを願います。

おてらおやつクラブホームページ　https://otera-oyatsu.club

7 悩める若者のための場

私は二〇〇三年より東京 神谷町の光明寺にて「お寺の音楽会 誰《た》そ彼《がれ》」を不定期開催しています。毎回、音楽好きの二〇代〜四〇代の人が集い、本堂でライブ演奏を聴きます。来場者のアンケートを読むと「お寺というロケーションが珍しくてよかった」「お坊さんのお経を初めて聞いたが、良い印象を持った」「仏教に興味が湧いたので本を読んでみたい」など、ライブ目的で来てみたら、お寺や僧侶や仏教に惹かれたという好意的な意見をいただきます。

「お寺の音楽会 誰そ彼」を始めた当時からすると、今はお寺で様々なイベントが開催されるようになりました。これまでお寺との接点のなかった若い世代がイベントでお寺を訪れて、お寺の場の良さや仏教に魅力を感じ、坐禅会や寺ヨガなどへの継続的参加から、習慣化していくことも珍しくありません。若い世代はアンテナが高く、インターネットなども活用して情報収集をしているので、若者のための場づくりは比較的取り組みやすいといえます。

世代的にお寺の一階にはまだ用事がありませんが、お寺の二階に興味を持って積極的に関わってくれる可能性があります。特に人生に悩み、葛藤を抱えて生きる若者にとって、居場所としてのお寺や利害関係なく相談できる僧侶の存在が助けとなります。

若者たちが考え、行動し始めるための場づくり
——奈良県磯城郡 安養寺「山と学林」

奈良県磯城郡にある浄土宗 安養寺では「おてらおやつクラブ」以外にも様々な活動が行われています。例えば、安養寺を会場としてプログラミングや電子工作などに触れられる「コーダー道場」。二〇一九年四月には安養寺のある田原本町八尾村でフリースクール「奈良スコーレ」が始まりましたが、開校には安養寺が大きく関わっています。これらの事例について、住職の松島靖朗さんに詳しく聞いたところ、安養寺を「居場所」とする若者たちの活躍が見えてきました。

若者たちによる、お寺の「夜間自習室」

最初に安養寺の門を叩いた若者は岡本輝起さん。岡本さんが高校三年生の時、とあるメディアでインターンをしていて取材の一環で安養寺を訪れました。大学への進学に悩んでいたとい

う岡本さんは、松島さんへの人生相談をきっかけに安養寺へ度々足をはこぶようになりました。高校三年の夏に「自分だけの進路を切り拓いていこう」と決意して「おてらおやつクラブ」の事務局に加わり、安養寺にて「お寺で英語塾」、「お寺で映画上映会」、「お寺で哲学研究会」などの様々な会を催していきます。

岡本さんは安養寺を拠点としながら外の様々なイベントにも顔を出し、そこで出会った一〇代、二〇代の若者たちを安養寺に連れてくるそうです。みんながお寺に集まれる時間も作りました。「お寺で夜間自習室」です。これは、松島さんがいつも事務仕事を行っている夜間の時間帯に本堂をコワーキングスペースとして開放する取り組み。本堂には松島さんの数千冊の蔵書があり、利用者は自由に閲覧できます。月に二回程度開いているそうですが、たくさんの本に囲まれて悩み多き若者たちが集えば、自然と面白い活動のアイデアが湧いてくるようです。

松島さんと岡本さんは、一連の活動の総称として「山と学林」と名付けました。お寺は修行する場所であり、学ぶ場所でもあることから僧侶の学び場を意味する「学林」という言葉を選びました。「山と」は、安養寺の所在地をあらわす「大和」です。

お寺の「ある」と社会の「ない」をつなげる

フリースクール「奈良スコーレ」を立ち上げた宇陀直紀《うだなおき》さんは岡本さんの紹介で安養寺の夜

岡本さんが企画した「お寺で映画上映会」

間自習室に通うようになった一人。宇陀さん自身、小学校一年生の時から不登校となりフリースクールに通っていたという当事者です。高校には通わずに高卒認定試験に合格し、奈良教育大学大学院に通いながら社会福祉士の資格も取得しました。奈良でフリースクールを立ち上げたいと考える宇陀さんの思いを、松島さんが助ける形になりました。

松島さん自身も学校へ行けなかった時期があり、フリースクールのような場所が地元にあると良いと考えていました。宇陀さんと一緒になって事業計画を詰め、関わりのありそうな場所や人を訪ねて動き回ったそうです。場所を探す中で、田原本町は南北に長い奈良県のちょうど中間地点になり、県内のどこからもアクセスが良いと候補にあがります。県内のどこにでもいるであろう「居場所」を必要とする子どもたちが通いやすい場所になるのではないかと考えました。田原本町八尾村には空き家が増えており、おじいちゃんおばあちゃんが健在だった頃は毎月お参りしていた家も、そのお子さんが風通しのために帰る時やお盆のお参りの時くらいしか人の出入りがなくなると、急に力をなくしたように弱っていきます。そしてそのネガティブな雰囲気は、周りにも伝染していると感じるそう。これは村の住職として放ってはおけない。「そうか、あれか。お寺の〈ある〉と社会の〈ない〉をつなげる、や！」そう思った松島さんは、檀家さんの空き家をフリースクールの場とするべく、大家さんと宇陀さんをつなげます。大家さんからは「住職の紹介だから貸すんだよ」と言われました。松島さんは、単なる空き家活用にとどまらず、おじいちゃんおばあちゃんの思い、そして村の将来まで見通しながら、奈良県内でこぼれ落ちる子どもたちを支える事業としてすすめていきたいと語ります。

事例からの学び

［課題解決］

当時、高校三年生の岡本さんはたまたま安養寺で松島さんに出会います。最初は住職と話すのは緊張したそうですが、いつの間にか安養寺が欠かせない場所となりました。松島さんは若い人たちの選択肢が増えたらいい、と言います。大学受験をするかどうか悩んでいた岡本さんにとって、受験勉強をしている同級生たちとはもしかしたら一緒に居づらかったかもしれません。その時に「お寺に行く」という選択肢があり、ゆっくり考えられたからこそ「自分だけの進路を切り拓いていこう」という決断ができたのではないでしょうか。
また、松島さんは村の住職として「村を元気にしたい」という課題意識も持っています。かつて自分もそうであったように、若者が一度は村を出て外の社会を知ることは大切ですが、いつか戻ってきて、活動したくなるような場所にしておきたい。一つの事例として「奈良スコーレ」のような取り組みが広く知られることも重要です。

【お寺独自の価値】

岡本さんのように、お寺が居場所になることで活力をもって様々な活動を始められるケースがあります。私も「お寺の音楽会 誰そ彼」の活動は、光明寺なくしては始まりませんでした。活動の拠点として、自宅でも公民館でもなく「お寺」という、パブリックとプライベートの中間にある場所が、仲間たちとも集まりやすいのです。
ヤフー株式会社が東京の千代田区にLODGE《ロッジ》というスペースを開いています。無料のコワーキングスペースのように見られがちですが、それだけの目的で作られたわけではありません。LODGE《ロッジ》は「オープンコラボレーションスペース」というコンセプトで、利用者同士のコラボレーションを実現するオープンな場という位置づけとなっています。ここから、ヤフー株式会社と親和性のある事業が生み出されることが期待されているのです。安養寺の「山と学林」は、特に明確な目的があるわけではなく、自由に過ごして良い場ではありますが、結果的にお寺と親和性の高い事業が生まれたり、何かを始めたい若者が集う場になりつつあります。地域の若い人たちと、村の大人たちをつなげられるのも村の住職だからこそです。「自由に過ごして良い場」で、「新しいコラボレーションが生まれる」という点において、LODGE《ロッジ》のコンセプトと通じると感じました。これも社会からの求めがある、お寺の一つの役割ではないでしょうか。

【習慣づくり】

「山と学林」では、お寺でお昼ご飯を食べる企画を始めました。最初に聞いた時は「孤食」という社会課題に対して「みんなでご飯を食べよう」という企画なのかと思いましたが、そうではありません。住職の松島さんと一対一でお昼ご飯を食べながら、対話ができるという企画です。岡本さんと宇陀さんが、松島さんとの出会いから新しいチャレンジを始められたという経験を、他の悩める人たちにも共有していきたいという思いから生まれたそうです。「住職に会える時間」として、ランチタイムであれば松島さんのスケジュール的に可能であるということから「お昼ご飯」という発想に至りました。まるで大学の「オフィスアワー」のようです。

夜間自習室で「お寺で夏合宿」の企画を検討中

お昼ご飯企画や夜間自習室は、松島さんの対応可能な時間という制限からうまれた企画ではありますが、理にかなっていると思います。お昼ご飯も夜間の作業時間も松島さんの「習慣」ですから、継続性が担保されます。お寺側や松島さんが無理をして場を開いたとしても、良いコラボレーションは生まれません。忙しくて場づくりのできる時間がない、という方は、ご自身の生活習慣の中に場づくりの可能性がないか探してみると良いかと思います。

若い子たちを応援したいという個人的な思いから始めた取り組みですが、自分だけでは出会えなかった人たちがお寺に来るようになり、松島さんとしても学びになっているそうです。いつの間にか「何かしてあげたい」から「この子たちに負けられない」という気持ちがわいてきました。自分も若い頃に苦労した経験があるから、何か協力してショートカットさせてあげられるならば、その時間をうまく使って次のステップへと進んでほしいという願いがあります。悩める若者たちに対して、住職がエンパワメントの役割を果たして成長を助けていく。そこからスピンオフして社会貢献的な事業も生まれている理想的な場づくり事例であると感じます。

安養寺 ホームページ https://anyouji.jp

ひきこもりのためのお寺カフェ
――福岡県北九州市 宝樹寺「Cafe ☆ Tera」

福岡県北九州市にある真宗木辺派 宝樹寺では、ひきこもりの若者を対象に「居場所」を提供する活動「Cafe ☆ Tera」を実施しています。月に二回、二〇代後半〜三〇代半ばの若者たちが宝樹寺に集って思いのままに過ごします。開始当初はお寺の六畳間で十分足りるほどの人数だったそうですが、今では平均して一五名程度、多いときは二〇名も集まるので、本堂を開放するようになりました。

この取り組みは地元のひきこもり支援NPO団体「STEP・北九州」と連携しており、NPOへの相談者や支援を求めている人たちの居場所の一つとして、宝樹寺が活用されています。NPOが北九州市から委託を受けて運営する「ひきこもり地域支援センター」は自立や就労などの目的をもって利用されていますが、宝樹寺では自主的に何かをしなくてもいい居場所としています。参加者に聞いてみると、木のぬくもりを感じられ、靴を脱いで無目的にリラックスできる場所として好まれているそう。支援センターにはない、お寺ならではの特徴がありそうです。一〇年以上も続けている中で、卒業して就労した人もいれば、そうでない人もいます。宝樹寺では、特に自立を促していません。お寺として「ただそこにいてもいい」という場所を提供しているのです。

内閣府の調査によると引きこもりの総数は一〇〇万人超と見られており、近年ではひきこもりの高齢化や、長期化も新たな問題となっています。林さんはなぜ、ひきこもりという社会課題に取り組もうと考えたのでしょうか。

自身の挫折経験から芽生えた問題意識

お寺生まれの林さんは、一〇代の半ばから人生に悩んでいました。将来に対して夢や希望が持てず、虚しい気持ちをバンド活動にぶつけていたと振り返ります。二〇代の間も悩み続けて、まるで幽霊のような地に足のつかない日々を過ごしていたそうです。そんな折、家族が病気で入院したことをきっかけにお寺に戻り法務を担うことになりますが、その間も林さんは悩み続けます。重い心を引きずったままの自分が法を説いてもいいのだろうか？　問いの出口を見つけようと仏道を求めても行き詰まってしまう苦しい日々が続きました。しかしある時ふと「どうでもいいや」と阿弥陀様に任せる気持ちになった時に、心がふわっと軽くなり自分の肩にのしかかっていた荷物をおろせたような感覚を持ちました。この経験で、自分と現実社会のピントがようやく合致したと感じ、生き方が一八〇度変わったと回想します。

以前より、お寺という場を活かして何か社会貢献をしたいと考えていた林さんは、ひきこもりとなって思い悩む若者たちの姿に、自分の悩んでいた頃の姿を重ねました。林さんが辛かった時、話を聞いてくれるような大人が周りにいませんでした。人は悩んだ後に成熟した大人になれるので、悩むことは悪くない。しかし、自分のように一〇年も二〇年も悩み続けることは人生のロスになってしまう。長くない期間を集中的に悩んで、その人なりの答えを見つけて少しでも早く社会に出ていけるように協力したいと考えたそうです。

ひきこもりという社会問題に関して知識に乏しかった林さんは、地域でひきこもりを支援している民間団体を見つけて訪ねました。お寺でひきこもり支援活動を行いたいと相談してみる

誰かの家に遊びに来たような、安心の雰囲気

と、団体の代表者から実際に私たちが行っている居場所活動に参加してみないかと誘われました。林さんはここで初めてひきこもりの当事者たちと接するのですが、それまでメディアの報道等を通じて抱いていたネガティブなイメージが覆されたそう。林さんは宝樹寺でひきこもりのための居場所活動を始めることにしました。

ひきこもりで悩むすべての人へ お届けするインターネットラジオ

最初は支援センターから紹介される形で五名程度の利用者がありましたが、段々と人数が増えていきました。基本的には、お寺では何事も強要せず、思い思いに自由に過ごしてもらっています。林さんも普段着で場に参加し、「お坊さんらしい助言をしよう」とは思っていません。「頼れるお兄さん」的な立場で、一緒に過ごしているそうです。時折、利用者たちと一緒に外へ出かけたり、年末には忘年会として本堂でパーティーを開くこともあります。お寺の本堂で飲食をすることが、参加者にとっては意外なので「お寺やお坊さんに対する印象が変わった」と言われます。

唯一、目的を持って取り組んでいるのはインターネットラジオの収録です。インターネットラジオを始めた狙いはいくつかあります。まずは単純に場の雰囲気を伝えたいということ。「お寺のひきこもり支援活動」は珍しいため、なかなかはじめの一歩を踏み出してもらえません。そこで、利用者たちの楽しい雰囲気を発信して、少しでも敷居を下げたいという考えがあります。家を出ることができない人にも、インターネットラジオならば情報を届けることができます。ラジオを聴いてメールを送ってくれることもあり、家を出られない人の悩みに対して利用者たちが自分の体験も交えてアドバイスや励ましの声をかけることもあります。また、長らく人と話していなかった当事者の中には、うまく話そうとしても言葉が出てこないもどかしさを抱いている人もいるそうです。ラジオの収録が会話のリハビリにもなっているのです。

宝樹寺のインターネットラジオ番組は「ひきこもりで悩むすべての人へお届けする」というキャッチコピーのもと二〇〇九年よりほぼ毎月配信されていて、なんと放送回数は一〇〇回を越えています。

お寺に対するイメージがいい意味で裏切られる忘年会

事例からの学び

［課題解決］

林さんの人生経験における課題意識が、「ひきこもり」という悩みを持つ若者たちの姿と重なり、社会貢献的な活動として始まりました。NPO団体「STEP・北九州」が運営している支援センターとは異なる役割でお寺が活用され、ひきこもりで悩む若者たちの課題解決に貢献しています。その理由については次の［お寺独自の価値］にてご説明します。

［お寺独自の価値］

過去に「Cafe ☆ Tera」を利用していた宮村達郎さんという大学院生が、宝樹寺でのひきこもり支援活動を題材に修士論文を書きました。タイトルは「宗教施設でのひきこもり支援活動が当事者に及ぼす心理的影響について」。宝樹寺のフリースペースを利用する人たちにアンケートやインタビューを行い、活動による心理的影響を分析していま す。宮村さん御本人の承諾をいただいたので修士論文の言葉を引用しながら、宝樹寺の活動が お寺だからこそ発揮できている価値について見てみましょう。

修士論文の考察では社会的ひきこもり状態の当事者が回復していくための心理的要因として 「囚われからの解放」が必要であると書かれています。「囚われからの解放」にはいくつか段階 がありますが、まず支援センターや宝樹寺での活動は「楽しい体験」や「守られた中での失敗 体験」、「人間関係が広がる面白さ」につながります。これによって、多様性の受け入れや自宅 以外の居場所を得られた安心感が芽生え、一般社会の価値観の捉え方に変化が出てきます。そ こで、ひきこもり体験を客観視・肯定化できるようになり、一般社会や他者からの評価に依存 した生き方からの脱却が可能になるというプロセスです。

支援スペースにはないお寺ならではの場の特徴としては「答えを求められず、どのような状 態でも迎え入れてくれる場所」であることが挙げられています。以前、東京・神谷町 光明寺 の本堂にてＮＥＥＴ株式会社というユニークな会社に所属するニートの若者たちが、社内ミー ティングを行ったことがあります。普段は貸し会議室などでミーティングを行うそうですが、 貸し会議室は当たり前ながら会議をするために作られた部屋です。ホワイトボードやキャスタ ー付きデスクなど、「仕事」に最適化された設備はニートにとっては「今、自分は何も生産できていない」と思い知らされる空間です。その点、お寺は「仕事」を前提としていない空間。そのことがニートという状態の若者にとって、居場所としやすいのでは？という話がありました。今回の修士論文のアンケートでも、お寺は「答えを求められず、どのような状態でも迎え入れてくれる場所」だと捉えられているようです。お寺は学校でも会社でもありませんが、そこに通うことで「一般社会で居場所を持つ実感」を得ることにつながっているとの分析がありました。これは、支援センターにはない特徴です。

［習慣づくり］

「Cafe ☆ Tera」への参加を習慣にしてもらう工夫として、林さんはあえて普段着に着替えて、宗教色をおさえた場づくりを心がけています。修士論文の分析でも、ひきこもり当事者たちは宗教施設というよりも一般社会の居場所であると見なしていたようです。林さんも布教を目的としていないため、それまで抱いていた住職のイメージが変わり、「ひきこもりに興味を持つ身近な一般人」という捉え方になったようです。また、忘年会の際に本堂で飲食をした体験が、宗教的規範に対する常識を覆すことにつながり、仏教に興味関心を持つきっかけにもなったと考察されています。林さんや他の当事者との良好な関係が築かれ、お寺が安心の居場所となることで、「Cafe ☆ Tera」への参加が習慣となります。

宝樹寺ホームページ　http://houjuji.org

8 高齢者のための場

団塊の世代が後期高齢者になり、介護・医療費が急増する二〇二五年が目前に迫る中、高齢化社会にまつわる様々な社会課題は増えていく一方です。各家族で高齢者を支えきれなくなっていることは明らかなので、「地域包括ケアシステム」のように高齢者を地域で支えていく発想へと転換しています。崩壊してしまったと言われる地域社会の機能を再び取り戻していく際、地域との関係性を保ち続けているお寺の可能性に、医療・介護など各方面から期待が寄せられています。

地域の健康寿命延伸にチャレンジ！
——東京都小金井市 長昌寺「金曜健康サロン」

東京の郊外、東小金井にある曹洞宗・長昌寺では高齢者向けに「金曜健康サロン」を開いて

「金曜健康サロン」をはじめた高橋麻悠さん

います。毎週金曜日の朝、長昌寺の本堂に集まってインストラクターの指導のもと、みんなで健康体操をします。体を動かすだけではなく、頭をつかう脳トレや、茶話会でのコミュニケーション等もあり、金曜の朝を楽しくアクティブに過ごせるプログラムとなっています。

「金曜健康サロン」を立ち上げたのは長昌寺の寺嫁、高橋麻悠さん。お寺に嫁いでまだ数年の麻悠さんですが「この町の健康寿命を延ばしたい」という目標を掲げ「金曜健康サロン」を考えました。その根幹には、自分の大切な人になるべく長く健康的に生きてほしいという願いがあります。

年齢を重ねてくると、体が思うように動かなくなったり、記憶が落ちてきてしまいます。仕方のないことですが、家族など一緒にいる人たちももどかしさを感じて時に雰囲気が悪くなったり、コミュニケーションがうまくいかない場面も出てくるでしょう。お年寄りが年齢を重ねることで肩身の狭い思いをしていることが悲しい。できれば、なるべく長く自分で歩くことができて、食事もとれるようにいてほしい。そんな思いから、お年寄りがなるべく健康でいられるような取り組みを、お寺でやっていこうと決心しました。

メンバー制の健康サロン

たまたま、高齢者への指導経験の多いインストラクターとの出会いがあり、健康体操の指導を担当してくれることになりました。すると今度は地域包括支援センターから協力の申し出があり、月に一回は担当者が同席してくれることになりました。早速、「金曜健康サロン」実現にむけた小さなチームができあがり、内容を検討していきます。東小金井には公的機関が開催している無料の「健康体操」もいくつかあるため、それらとの差別化は意識したそうです。

大きな差別化要素としては長昌寺の「金曜健康サロン」ではサロンと名がつくだけあって、メンバーとの交流が意識されています。初回は無料体験として面談を行い、健康状況を確認します。既往症やかかりつけの病院などの情報をカルテ化しておくことで、もしも何かあった時に最善の対応をするための手がかりとなります。

サロン当日の朝には血圧を測ってきてもらっています。当初、血圧計測が参加ハードルにな

椅子に座ったままでできる健康体操

るかもしれないと考えていましたが、始めてみると参加者はちゃんと測ってきます。六〇歳を超えると健康リスクが増えてくるため、毎日の血圧計測は奨励されることと言われています。参加者の中にも血圧計測が習慣化することで、血圧を下げる薬のやめ時を医師に相談するきっかけとなったり、参加者がお互いの健康状態を話題にしたり、健康に関する意識を高める良き習慣となっているそうです。

様々な角度から「健康習慣づくり」をサポート

参加者たちは夏の暑さや冬の寒さにもめげずに、朝早くから歩いて通ってくれています。

住職夫妻が本堂で笑顔で出迎えて交わす朝の挨拶や、境内の四季折々の自然も参加者のモチベーションを高めていることでしょう。「私は金曜日のために生きているわ」と言ってくれる参加者もいるそうで、お寺側が思う以上に大切な場として感じてくれているようです。健康体操は激しい運動ではないものの、じわじわと負荷を感じる運動で、日常生活の中で使っていない筋肉を意識するきっかけになります。自分の体の可動範囲を知ることは、転倒などの予防にも良さそうです。頭をつかう脳トレでは、漢字クイズや計算、記憶テストや塗り絵など、しばらくやっていなかったような懐かしい経験を楽しんでいます。

そしてもう一つ大切な要素は茶話会です。脳トレの結果に関する話題から、自分の身体に関する気づきをシェアします。参加者たちも年齢が異なるので、先輩の体験談に基づくアドバイスや後輩からのエールなど、互いに気をつかいあうコミュニティになっていきます。身近な家族からの健康アドバイスを素直に受け入れられなかったとしても、住職夫妻、インストラクターや「金曜健康サロン」参加者からの助言ならば受け入れられそうです。

二〇一九年の四月からは、月に一回は地域包括支援センターの職員や、薬剤師、管理栄養士、看護師に来てもらい、「栄養」「薬」「保険制度」などにまつわる話をしてもらっています。健常な状態から要介護状態になるまでの中間の段階を「フレイル」といいますが、フレイルの予防に役立つ知識を学べる機会を設けることで、体操・脳トレ・コミュニティ形成とは別のアプローチから健康寿命の延伸にはたらきかけています。

月に一回は健康知識を得られる機会を提供

事例からの学び

［課題解決］

「この町の健康寿命を延ばしたい」という課題意識に対して、地道に取り組んでいます。毎週金曜日の朝に必ず場を開くことは大変なことです。参加人数が少ない時期もあったことでしょう。それでも着々と回を重ね、金曜日の朝を「生きがい」と言ってもらえるような会にできたことは、その人にとってお寺が「人生になくてはならない場所」となったことと等しいのです。参加者を増やすことがこれからの課題だそうですが、まずは「金曜健康サロン」を必要としている人たちの、健康寿命の延伸に貢献できています。

［お寺独自の価値］

長昌寺では「金曜健康サロン」以外にも坐禅

の会、写経・写仏の会、ヨガの会、お地蔵様の前掛けを縫う会を設けており、様々な世代のコミュニティが複層化しています。年末には大忘年会を行い、それぞれの会に来ている人たちが一堂に会してごちゃまぜの場が作られます。世代が離れていたり、はじめましての人でも、同じ長昌寺という場で活動している者同士で盛り上がることができます。多世代間コミュニケーションを自然に作り出すことができるのは、お寺の大きな強みであると感じます。心身一如と言うように、体の健康と心の健康は密接な関係性にあります。健康サロンだけではなく、時には坐禅会や写経で心を静めることや、忘年会などでみんなと楽しく過ごすことで心の健康も保つことができそうです。

【習慣づくり】

毎週金曜日の朝に開催している「習慣づくり」ど真ん中の取り組みです。血圧を測ることや、お寺との行き帰りの道を歩くことなど、健康的な習慣を身につけるには最適のプログラムです。血圧を「記録する」という習慣もいいですね。毎週測って提出していれば、忘れることがないですし、記録し続けることが継続のモチベーションにもつながります。

毎週開催という頻度に、住職夫妻やインストラクターの負担感が気になるところですが、運営側にとっても、健康サロンのある金曜日が「よき習慣」となっているのではないでしょうか。

長昌寺ホームページ　http://enichizan.com/

Column

お寺から「心と体の健康」を提供する「ヘルシーテンプル構想」

地域の健康に貢献しようとするお寺の新たな潮流が確実に生まれてきています。長昌寺の「金曜健康サロン」や、クラウドファンディングの事例で紹介した光琳寺の「ラジオ体操と朝参り」。「テンプルモーニング」も早起きの習慣をつくるという意味では、健康志向の催しといえます。

「過ごしやすい空間があり人々が集うお寺という場は、地域の健康に貢献できるはず」そう考えたのは、「まちのお寺の学校」や「寺子屋學」などを通じて、寺院の活動をサポートする一般社団法人寺子屋ブッダ代表の松村和順さん。お寺を地域の人々の「心と体の健康」を維持し、健康寿命を延伸する拠点と捉える「ヘルシーテンプル構想」を掲げて「〝お寺だからこそ〟を活かしてお寺から健康を提供しよう!」と、全国の僧侶や医療者たちに連携を呼びかけ始めました。ヘルシーテンプル構想では、よりよく生きるための六つの生活習慣を定義しています。（図「ヘルシーテンプル構想」参照）

右側の三つは「体の健康」を維持するための要素。左側の三つは「心の健康」を保つために必要な要素であり、「体の健康」と「心の健康」は相関関係にあると捉えています。六つの生活習慣を身につけてもらえるよう、コアとなる三つのプログラムを開発しました。開発メンバーは、高齢者向けの運動指導を行っているスポーツメーカーのミズノ、幸福学研究の第一人者

コアプログラムの実施風景（勝浦市・妙海寺）

である慶応義塾大学大学院前野隆司教授、食習慣の改善による健康寿命延伸を提唱する元国立健康・栄養研究所理事長渡邊昌医学博士、マインドフルネス瞑想を診療に活かしている心療内科医の僧侶川野泰周師。各方面の第一人者とも言える方々の協力により、お寺で生活習慣を整えるためのプログラム「体を調えるストレッチ運動」「心を調えるマインドフルネス瞑想」「幸せ力を高める茶話会型のワークショップ」が完成しました。寺子屋ブッダでは、これらのプログラムを各寺院で提供できるように、僧侶向けの指導者養成講座も開催していきます。寺院に所属する僧侶が講座を受講し、修了すると「ヘルシーテンプル」として認定され、檀信徒や地域の人たちに向けて僧侶自身の手でコアプログラムを提供することができます。

また、各寺院で実施しているヨガや坐禅会

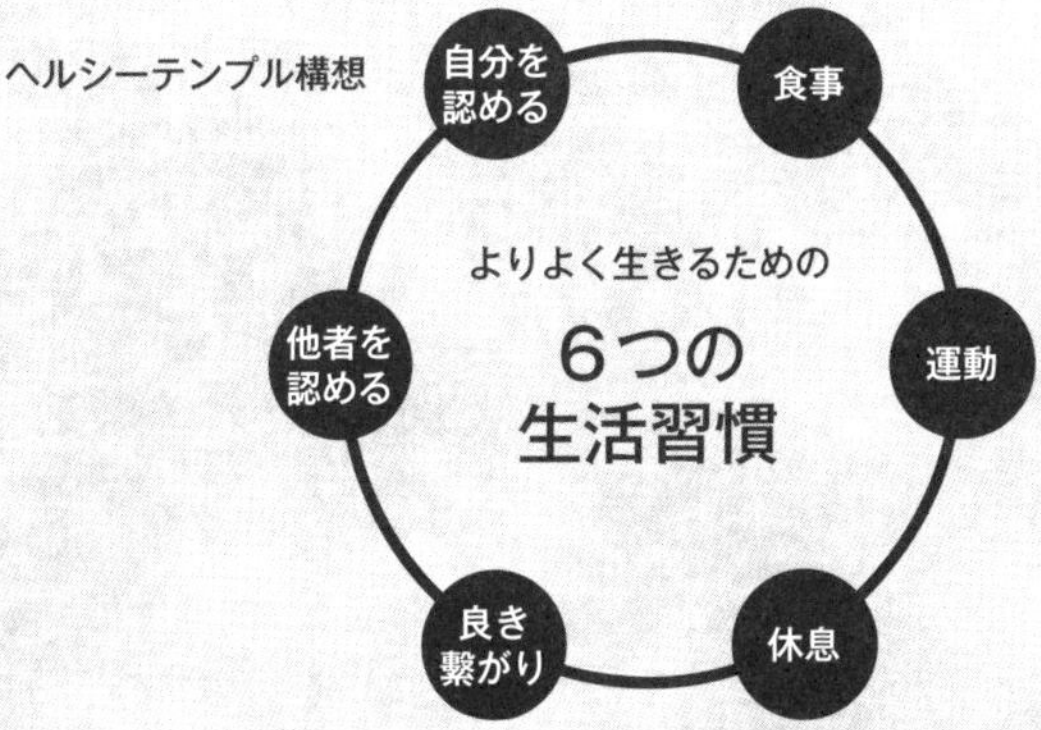

なども、実は心や体を整えるための良き習慣を提供しています。それらを寺院ごとのサブプログラムと位置づけることで、これまで続けてきた取り組みも「健康」という軸で捉え直すことができるのです。そのための基礎知識は指導者養成講座で学べるというしくみです。

ヘルシーテンプル構想提唱者の松村さんは、お寺で楽しんで健康を維持してほしいと語ります。フィットネスクラブ等も流行っていますが、どちらかと言えば自己鍛錬的になりがちです。お寺ならばみんなで集まって楽しくワイワイと過ごしているうちに、気づいたら健康になっていた！という場づくりも可能であると考えます。人生一〇〇年時代、健康寿命を少しでも長くすることで医療費が減り社会貢献になります。お寺から健康を提供して、楽しく安心して「よりよく生きる」地域社会の実現を目指してみませんか？

寺子屋學　https://terakoyagaku.net

地域医療とお寺の連携

――三重県桑名市善西寺「善西寺エンディングセミナー」

三重県桑名市にある浄土真宗本願寺派 善西寺では地域の医療者との連携が実現しています。住職の矢田俊量《しゅんりょう》さんは理学博士で生命科学の研究者です。勤務先の大学病院では、研究のかたわらターミナルケア（終末医療）を学ぶカンファレンスに医療者と共に参加したり、愛知県で初めてのホスピス建設に貢献した市民団体に所属してグリーフ（悲嘆）ケアを担当するなど、長らく医療の現場に関わる宗教者の可能性を模索してきました。

ターミナルケアから葬儀までをシームレスにつなげる存在

ご縁によって大学病院での研究職を辞し、お寺に戻って住職になった矢田さんは、日常的な法務として淡々と葬儀や法事などを執り行うことに違和感を覚えます。病気は医者、葬儀は僧侶と老病死が分断され、僧侶は亡くなってからしか呼ばれない現状に疑問を抱くようになりました。ターミナル期の病人とその家族のかかえる困難な状況、さらには、大切な家族を亡くしたあと遺族がかかえるグリーフに対するケアの重要性について、これまで学んできたのは何のためだったのかと自問します。死期を意識して不安になっている患者・家族、または、死別後、後悔の念から「こんな看取りでよかったのだろうか？」と愛しい人との別れに苦しむ遺族に、住職として「もっと早期から関わりたい」「共に悩める関係性を築きたい」という思いを強く抱くようになりました。善西寺にご縁のある方の老病死に「任せておいて！」といえる関係性を築いて、看取りのことから遺産整理のことまでなんでも相談してもらえるような、住職だからこそできるターミナルサポートがあるはずと考えました。

一方で矢田さんは臨床の現場における医療者のニーズもわかります。病棟では患者のことはよくわかりますが、患者の家族関係までは把握しきれません。病院に来る家族とは接しますが、その人が必ずしも家族にとってのキーパーソンではないですし、患者が最も信頼する人とも限らないのです。この現場のニーズに家族・地域に通じる矢田さんが介入するためには、まず地域の医療者との信頼関係をつくることが必要でした。

地域の医療者ネットワークを構築するために

矢田さんが活動していたのは愛知県なので、善西寺のある三重県にネットワークはありません。そこで、矢田さんはまず、県内でホスピスケアの啓蒙をすすめる市民団体に参加し、ターミナルケアに関心のある仲間作りから始めました。そして、縁あって仲間と三重県がん相談支援センターにグリーフサポートのグループを立ち上げます。その上で終末医療やホスピスケアなどをテーマに、一般向けのセミナーを善西寺で開催し、地域の医療者とお寺をつなぐ場づくりを行いました。それが「善西寺エンディングセミナー」です。

喫緊の社会課題である二〇二五年問題へのお寺からの提言を踏まえ、ターミナルの現場での「看取りの文化の再興」をキーワードに、様々な領域の講師を迎え、宗教者の視点もまじえ課題共有をはかりました。その結果、地域でこの課題に取り組もうとする専門家たちが集い、ネットワークができあがったのです。今度は病院や施設のほうから矢田さんへ情報をもらえるようになり「双方向」の関係性が実現しました。矢田さん自身も地元の講演会に呼ばれることが増え、さらに医療者とのネットワークがひろがっていきます。

エンディングセミナーは当初は善西寺を会場としていましたが、回を重ねるごとに規模が大きくなり公共のホールへ会場を移すほどになりました。

事例からの学び

[課題解決]

「善西寺エンディングセミナー」をきっかけに地域の医療者とつながることで、「生老病死」の「病」から「死」まで寄り添える体制をつくることができました。長昌寺の事例「金曜健康

善西寺エンディングセミナーの様子

善西寺住職の矢田俊量さん

サロン」は、元気な状態を長く続けられるように支援する「ウェルビーイング」のアプローチですが、善西寺はこれから死を迎える人とその家族を支える「ウェルエンディング」のアプローチです。「死」を迎えたあとは、遺族の悲しみを癒やすグリーフサポートが必要となってきます。善西寺ではその点も視野に入れ、既に「グリサポくわな」という、グリーフサポートの取り組みも始めていますが、一つのお寺で「老」「病」「死」にまつわる支援を全てまかなうことは難しいかと思います。善西寺ではそれぞれに必要な専門的知識を広いネットワークによってカバーしているのです。

「高齢者支援」と一口にいっても様々なステージがあり、当事者だけではなく介護する家族や、亡くなったあとの遺族まで対象も様々です。まずはその段階や対象をわけて捉えておくだけでも、日常的にお寺が向き合う「老」「病」「死」にまつわる苦しみに対しての理解が深まり、必要となるサポートを判断できるようになります。その時に、然るべき専門家とのつながりを持てていれば理想的です。これも一寺院では難しいことかもしれませんが、各地域の寺院が協力しあって「お寺セーフティネット」を構築することなら可能性がありそうです。その際、善西寺の事例は非常に参考になります。

[お寺独自の価値]

善西寺の様々な取り組みも最初から順調だったわけではありません。矢田さんが桑名に戻ってきて「さあ、やるぞ」と思っても、共に活動してくれる仲間がいませんでした。都会には「何か活動したい」という意識のある人が大勢いますが、地方ではなかなか見つからないのが現状でした。矢田さんは地方において仲間作りをすすめるには、町おこしのような自発的に生活を豊かにするような活動が相応しく、また、お寺はその核となれると考えていました。そこで、ちょうどチャンスのあった町おこしのための映画製作に若者たちと一緒にかかわり、そのご縁で仲間が増えました。町おこしの活動とお寺は相性がよく、地元メディアやSNSをつかって発信すると、自然と「何かをやりたい」意欲のある人がお寺に集まってきてくれます。お寺がうまく「メディア化」することで、みんなの活動拠点になれたのです。

【習慣づくり】

医療介護や緩和ケア、看取りなどは健康な時にはなかなか向き合うことのない分野です。だからこそ、自分や家族が突然当事者となった時に混乱してしまうのです。そうなる前に、問題を知ってもらうためには、日頃から情報に触れられる機会を増やす必要があります。「善西寺エンディングセミナー」は医療者だけではなく、誰でも参加できるセミナーなので、檀信徒や地域住民への啓蒙にもつながっています。また、善西寺は地元のウェブメディア等と協力して、インターネットでの発信にも力を入れています。

善西寺フェイスブックページ　https://www.facebook.com/zensaiji987

空き家活用で世代間の助け合い――「Fukumochi vintage」

Column

者だけではありません。

「善西寺エンディングセミナー」で善西寺のネットワークに関わるようになったのは、医療

愛知県出身の生駒郁代さんは、結婚を機に夫の地元である三重県桑名市に引っ越してきました。前に住んでいた名古屋市では町おこし事業に関わり活躍していた生駒さんでしたが、育児が始まるとなかなか外出もできず、市内に知り合いも少なく、孤独でストレスを感じていたそうです。そんな折、たまたま近所で開催された「善西寺エンディングセミナー」に参加したことをきっかけに、善西寺とのお付き合いが始まりました。善西寺が取り組んでいる子ども食堂の活動に協力する中で、善西寺の向かいにある餅屋「福餅」を六〇年以上にわたり営んでいた坂本都始子さんと知り合います。

かねてから周辺地域の空き家の多さが気になり、何か活用できないか?と考えていた生駒さんは、既に役目を終えていた「福餅」店舗を貸してもらえないかと、坂本さんに依頼します。坂本さんはこれを快諾し、生駒さんは好きだった古着を貸し出すお店「Fukumochi vintage」を開店しました。

善西寺の檀家さんたちや近隣の住民が古着を寄付してくれて、昔のブランド品や当時仕立てた服など、素敵なビンテージ品が一二〇着も揃いました。年会費三千円で一着ずつ借りること

のできる、サブスクリプションモデルの料金形態も今風です。

坂本さんは、既に役目を終えたと思っていた「福餅」の店舗を、若い世代の感覚でお洒落にリノベーションしてもらえたことを喜んでいます。また、坂本さんは店舗の奥に住んでいるため、お店を開いている間は生駒さんの子どもの面倒をみてあげたり、得意な裁縫で古着のリペアにも精を出します。一方、生駒さんは坂本さんの通院をサポートしてあげたりして、世代間の助け合いの交流が生まれています。「Fukumochi vintage」は地元のメディア等でも多く紹介されており、その刺激により近隣で他の空き店舗でも同じようなことが起きれば町ににぎわいを作れる。生駒さんは、そんな展望も抱いているようです。

善西寺住職の矢田さんは、こういった「ごちゃまぜ」の多世代共生を自然に実現できることや、地域の信頼をもとに空き家を預かって社会資源として活用促進できるのは、お寺ならではのことだと語ります。空き家は大きな社会問題ですが、単なる箱としての活用だけでなく、その建物の歴史や紐づく人の思いを巻き込んだストーリー性のある事例は、確かに土地に根付いたお寺のネットワークから生まれやすいのかもしれません。

Fukumochi vintage フェイスブックページ
https://www.facebook.com/fukumochivintage/

9 遺族のための場

グリーフケアとは、「肉親など大切な方を亡くされた人が感じる悲嘆（グリーフ）をそのまま大切にすること（ケア）」を言います。大切な人をなくすという大きな喪失感をどうすればいいのか？　その声に応じてくれる場は、非常に重要ながら意外にありません。お寺は葬儀や法事を通じて亡き人へ思いを寄せる場であり、初七日や月参りは、遺族へのグリーフケアのための場とも捉えられます。つまり「遺族のための場づくり」とは、僧侶の常日頃の活動に他ならないのですが、グリーフケアという概念をしっかりと学び、日々の法務以外にグリーフケアのための場づくりを行っている事例があります。

あの悲しみをなかったことにしない

——静岡県伊豆の国市　正蓮寺「グリーフケアのつどい」

静岡県伊豆の国市の真宗大谷派 正蓮寺では「グリーフケアのつどい」を開催しています。住職である渡邉元浄《げんじょう》さんが初めて「グリーフケア」という言葉を知ったのは二〇一〇年のこと。同じ地区の寺院で行われるグリーフケアの勉強会に誘われたことがきっかけです。しかしその時は、グリーフケアという言葉に「自分にはできない」「怖い」という印象を持ちました。身近な人を亡くした人の気持ちを聞くことは、傷口にあえて触れるような行為であると思い、自分には到底向き合えないと参加をお断りしたそうです。

そして、東日本大震災がおきました。誘われていたグリーフケアの勉強会は、ちょうど東日本大震災の直後に予定されていたため中止となりました。

新聞やテレビで被災地の状況がわかるにつれ、渡邉さんにもやりきれない思いが募り、亡くなった人々や失われたものに対して「祈りたい」という気持ちが湧き上がってきます。また、渡邉さんは二〇代前半の頃に前住職であるお父様を亡くされています。渡邉さんの奥様もまたお母様を亡くされており、身近な家族のグリーフ、そして自分のグリーフにも気づきました。「このやりきれない思いをどうすればいいのか?」と、漠然と疑問を抱えながら、東日本大震災後の不安な日々を過ごしていたそうです。

グリーフケアと向き合えるまでの経緯

そんな時に、一つの出会いがありました。教区の檀信徒参拝で本山へ参り、とある講師のご法話を聴きました。東京都世田谷区にある真宗大谷派 存明寺のご住職、酒井義一さんです。渡邉さんは酒井さんの法話に感動し、檀信徒を引率する身でありながら、涙があふれてきてしまい泣きながら聴いていたそうです。法話の後すぐに控室を訪ね、堰を切ったように自分のグリーフについて話しました。「この人にならば何を話しても大丈夫だ」、そう思えた実感は、渡邉さんにとって大きな経験となりました。

酒井さんは自坊の存明寺にて、以前よりグリーフケアのつどいを開催しています。渡邉さんは後日たまたま参加した勉強会で、酒井さんのグリーフケアの実践に関する方法を学ぶことができました。その前に本山で酒井さんとお話して人となりを知ったこと、勉強会でグリーフケアのつどいのしくみを知ったこと。この二つの事柄が重なって、ようやく存明寺の「グリーフケアのつどい」へ行ってみようと思えたそうです。グリーフを抱えた当事者が集いの場に足を運ぶことは、なかなかハードルが高いということを、身をもって実感したと言います。

そんな折、グリーフサポートを行う団体、一般社団法人リヴオンが開く「僧侶のためのグリーフケア連続講座」に通いはじめます。酒井さんとの出会い、そして連続講座での学びから、自坊の正蓮寺でも「グリーフケアのつどい」を開催してみたいと考えるようになりました。正蓮寺にも「ここなら何を話しても大丈夫だ」と思ってもらえる、グリーフケアのつどいが必要であると思えたそうです。

正蓮寺版「グリーフケアのつどい」発足！

正蓮寺の「グリーフケアのつどい」は存明寺の事例を基盤とさせてもらい、一般社団法人リヴオンによる「僧侶のためのグリーフケア連続講座」で学んだ内容も大いに参考にしました。例えば、話し手と聞き手の役割をきめるトーキングスティックの手法や、シェアリングの際に話す順番をきめない（時計回りにしない）など、かなり実践的な内容が反映されています。

毎回の参加者は多くて六名程度で女性が多いそう。正蓮寺の本堂にU字型に座って、仏様の正面は一席空けます。仏様の存在を意識してもらうことで、場の安心感を高めたいと考えました。そして、何でも話せるように「グランドルール」を設けて、参加者全員と共有します。例えば正蓮寺では以下のようなルールを最初に確認します。

【グリーフケアのつどいで大切にされること】

(1) 同じ経験をした人だけが集まります。

(2) あたたかな、人の話を聞く雰囲気を大切にします。
(3) 今の自分の気持ちを声にすることを大切にします。
(4) お話の内容を外部に漏らしません。集まったひとを大切にしたいからです。
(5) 話したくないことは話さなくてもいいのです。沈黙や間も大切にします。
(6) 悲しみを比べません。一人一人が尊い存在です。
(7) 何度でも繰り返し同じことを語ってもいいのです。

このルールをもとに、それぞれが抱える思いを話したり、時にはあえて何も語らない沈黙の時間をつくることもあります。安易な励ましはなるべくしません。「がんばって」という言葉で傷つくこともあるのです。もちろん、参加者の話を聴いていて思わず励ましたくなることもあるそうですが、そんな時でもグッと我慢して「それでいいと思いますよ」と、肯定してあげます。

回を重ねることで継続的に通う人も増え、渡邉さんがファシリテートしなくても参加者が自発的に対話を始める場面も出てきました。それぞれの参加者が、正蓮寺という安心の場に馴染み、参加者みんなでグリーフケアの場を作り上げていこうという気持ちが芽生えてきているようです。

仏様の前を空けたU字型の椅子配置

様々な取り組みを行っている正蓮寺ですが「グリーフケアのつどい」については、渡邉さんも当事者であることから、しっかりと時間をかけて続けていく大切な場であるという、ご自身の使命のようなものを感じました。デリケートな場には違いありませんが、渡邉さんも当事者で相手の気持ちがわかることから、配慮が行き届いているのだと想像します。

ここまで読んで、グリーフケアの場づくりについてハードルの高さを感じられるかもしれません。しかし、一般社団法人リヴオンの講座を始め、最近はグリーフケアについて学べる機会も増えてきています。グリーフケアの場づくりに興味がある場合は、まずは情報収集から行ってみてはいかがでしょうか？

事例からの学び

［課題解決］

自分自身もグリーフを抱える当事者である渡邉さんが、どう「グリーフケア」という言葉に向き合い、実践につなげていくか？心の葛藤や気持ちの変遷がありました。酒井さんやリヴォンといった、良き師に出会えたからこそ、勇気を出して一歩を踏み出せたのでしょう。知識なくしては始められない場づくりなので、まずは学ぶことに専念した渡邉さんの取り組み方が良かったと思います。

［お寺独自の価値］

「グリーフケアのつどい」は毎回参加の方や、遠くから通ってくる方もあるそうです。参加者アンケートには場の必要性がはっきりと書かれていました。

「誰かに自分の心の内を聞いてほしい。そんな場がないかと探していました。話を聞いてくれるだけでホッとするのです。そんな時間をいただき感謝します。」

「何年たっても大切な人を亡くした悲しみはなくならない。実感させられました。悲しみを聞いていただくだけでもありがたい集いでした。ありがとうございました。」

「今日初めて会った私の話を皆さんがちゃんと聞いてくれたことがすごく嬉しかったです。少し呼吸が楽になった気がします。」

全て別の人の感想ですが、皆さん一様に「話を聞いてくれるだけで嬉しい」と書いています。渡邉さんは、正蓮寺ではグリーフを抱えた人が立ち直ることを重要視していないと言います。無理に立ち直ろうとせず、ありのままの自分で素直にいられる場づくりを心がけているのです。

[習慣づくり]

正蓮寺では「グリーフケアのつどい」だけではなく、「みんなのお盆法要」「みんなのお彼岸法要」と題して、合同法要を行っています。「あの悲しみをなかったことにしない」をテーマとして、参加者全員に故人の遺影や位牌と花束を持参してもらいます。おつとめでは、事前に知らせてもらっている故人の名前をすべて奉読します。

さらに特徴的なこととしては、「大切な方を大切にしたい」という思いがあれば、宗教・宗旨・宗派を問わずどんな人でも参加可能だという点です。お盆やお彼岸は仏教的な習慣ですが、グリーフケアというテーマを重ねることで、グリーフを抱えて悩む多くの人が参加できる場に変わりました。

Column

僧侶たちにグリーフケアの学びの場を提供する

――一般社団法人リヴオン

一般社団法人リヴオンでは、僧侶がグリーフケアを学べる場「僧侶のためのグリーフケア連続講座」を全国で開いてきました。この講座を受講して、自坊でグリーフケアの取り組みをはじめたという寺院は少なくありません。代表をつとめる尾角光美《おかくてるみ》さんは、自身も家族との死別のグリーフを抱えながら、「グリーフサポートが当たり前にある社会」を目指して、多岐にわたる活動を展開されています。現在は、真宗大谷派の教師養成課程でも正式なカリキュラムとして入るためにグリーフケアの教育プログラムづくりを行っています。尾角さんに仏教界におけるグリーフケアの取り組みについて、お話をうかがいました。

各宗派において「自死遺族支援」という視点からグリーフケアへの取り組みが生まれ、東日本大震災を大きなきっかけとして、自死に限らずあらゆる死別を支えようという流れが加速してきたそうです。宗派ごとの学びの機会は徐々に増えていきましたが、宗派を越えて僧侶が集い学ぶ場はありませんでした。しかし石川県小松市のお寺が合同で開催した「グリーフサポート連続講座」を機に、地域ごとの学びのコミュニティが生まれ、超宗派で学ぶ場も増えてきました。

超宗派で学ぶ場の良さは、特にロールプレイにあるそうです。例えば、異なる宗派のペアで

僧侶のためのグリーフケア講座（写真提供：一般社団法人リヴオン）

ロールプレイを行い「亡くなった娘はどこへ行ったのですか？」という質問を投げかけてみます。浄土系の僧侶が「お浄土ですから安心してください」と答える。しかしその答えを受けとる側の禅宗僧は違和感を覚えることもあります。実際に遺族もそれと同様の感覚を抱いているのかもしれない、といったリアルな体験ができるのです。

また、地域が軸となることで「遺族への声のかけ方がわからない」など、同様の悩みを抱える葬儀社や病院など、他職種の参加が期待されます。葬儀という現場を共有していながらも、葬儀社や医療者と僧侶が一緒に学ぶ場はなかなかありません。グリーフケアというテーマだからこそ、業種を越えて共通に学び合うことができます。

臨床の現場では死について語ることのできる宗教者が必要とされますが、「宗教」という言葉が邪魔をして連携がしにくくなってしまう状況もあるそうです。グリーフケアは医療分野や行政等とお寺をつなげる大切なキーワードとも言えそうです。

「死者を大事にしてくれる文化がなかなか世の中にはない」家族との死別のグリーフを抱く尾角さん自身の実感です。身近な人を亡くした悲しみは、自分は忘れられませんが周囲の人たちは忘れていきます。思いを共有できる環境が失われていくのです。しかしお寺は、何年経とうが、自分の亡き人について、グリーフについて話してもいい場所です。その良さをお寺の人自身が実感できていなかったり、伝わる形で表現できていないことをもったいなく感じるそう。

元来、日本の仏教は死者を思い共に生きる文化を地域とともにつくってきました。昨今はサービスのように捉えられて「やらなければいけないから」という消極的な理由で行われてしまう葬儀。法事や月参りなどにも、お坊さんは実感をもってその意味をつむぐことができます。死別によらない喪失も、お寺が大事に扱ってくれる。「なくしたものとつながる生き方」を一緒に考える場として、お寺は元々大きな可能性をもち、お坊さんはその伴走者になれるのだと信じています。尾角さんはそのように結びました。

一般社団法人リヴオン　ホームページ　https://www.live-on.me

おわりに

私が全国各地のお寺で見聞きしてきた、様々な「出番」と「居場所」の話。つまり「場づくり」の事例をお伝えしてきました。各事例の終わりに「事例からの学び」として注視した三つの観点から、お寺の場づくりの特徴をまとめてみましょう。

① 場づくりで解決したい課題

お寺の場づくりを「課題解決」という観点から捉えた場合、自坊の課題解決のためだけではなく、社会課題への眼差しを持っていることが特徴的です。地域とお寺は運命共同体。地域の課題とお寺の課題が表裏一体に見える事例がありました。

もう一つのキーワードは「当事者性」です。地域の子どもやお年寄りを見守りたい。介護で疲れている人たちに休んでほしい。死別の悲しみをわかちあえる場をつくりたい。悩める若者たちの選択肢を増やしてあげたい。いずれも、お寺をあずかる住職や家族が人生の中で向き合ってきた悩みや課題への助けとなっている活動です。相手の苦しさがわかるからこそ、唯一無二の安心の場づくりが実現します。

また、お寺側に当事者性がなかったとしても、場の中心となる人物の思いに共感して寄り添えれば大丈夫です。場づくりを協力しあうことで生まれるパートナーシップが、これからのお寺を支える大きな力となります。

②お寺独自の提供価値

ほとんどのお寺は人が集まるための作りになっていることから、環境やハードの面において場づくりに適しています。その価値を活かす事例も多く見られました。しかし特筆すべきは関係性の価値、つまりお寺のソーシャルキャピタル（社会関係資本）の蓄積にあると思います。特に地域とのつながりや信頼感はお寺独自のものであり、場づくりやコミュニティ形成に大いに活かすことができます。例えば「お寺さんだから」と空き家を貸してくれたり、何事にも積極的に協力してくれる人がいる。普通はなかなか考えにくいことです。そして近年ではお寺の外の人が、お寺がこれまで地域で担ってきた役割や関係性の価値に気づいて、お寺に期待を寄せているという背景もあります。お寺にワクワクしている人が増えているのです。

おてらおやつクラブ代表の松島靖朗さんが、お寺の「ある」と社会の「ない」をつなげる活動であると表現していました。日常的に、お寺の「ある」や社会の「ない」に目をむけるためにも場づくりによる交流や対話が重要です。

③ 習慣づくりの工夫

お寺の行事は季節感があり、境内の自然や土地々々の名物が旬を伝えています。「高願寺おとりよせ市場」を考えた宮本義宣住職が「昔は季節や旬を感じることが、生きていることの実感につながっていた。お寺にくることを、楽しみや生きがいにしてくれる人を増やしたい」という思いを語っていました。長昌寺の「金曜健康サロン」には「私は金曜日のために生きているわ」と言ってくれるおばあちゃんがいます。「テンプルモーニング」で掃除したら、お寺が「自分がいてもいい場所になった」という人もいます。習慣をつくるということは、小さくとも日々の生きる目標をつくることに他なりません。お寺習慣を持っている人は、お寺を生きがいの一つにしてくれている人と言い換えられます。ポストレリジョンの風吹く現代において、お寺がすべきことは「良き習慣」の舞台となり、お坊さんが「良き習慣」のパートナー（伴走者）となることではないでしょうか。

第1部で松本さんより、お寺の二階建て構造の「一階」持続のためには、家庭内で断絶してしまった「お寺の習慣」を再定義して、生活サイクルに組み込んでもらうことが肝要との提言がありました。紹介した事例からもわかるように、「お寺習慣」の再定義の道筋は見えています。

一方、「二階」について松本さんが言っていたのは「お寺が社会に対して提供している目に見えない価値を掘り起こし、それを大切に思う人たちの力を集めて支えるしくみを作りたい」ということでした。そこで改めて課題と捉えられるのは、その「しくみ」に対するアイデアが少ないということです。今回の中でも、経済的な面で特別に成功している事例はありません。せいぜい赤字にはなっていないという程度で、良くも悪くも利益を考えずに行われている活動が多く、これでは遠くない未来に疲弊します。

例えば、既に世の中にあるしくみではクラウドファンディングが活用可能です。今はまだお寺のクラウドファンディング事例は多くないですが、お寺にフレンドリーなクラウドファンディングのプラットフォームがあれば利用が促進されるでしょうか。

また、寺院単体でどうにかしようとするのではなく複数の寺院で連携しあう可能性も考えられます。「未来の住職塾」は令和元年九月に「未来の住職塾ＮＥＸＴ」としてフルリニューアルしました。「ＮＥＸＴ」には様々な思いをこめていますが、全国の超宗派の僧侶と寺族が智慧を出し合い、異分野の業種とも連携する、コラボレーションの可能性を視野にいれています。「未来の仏教ラボ」という名称で「未来の葬儀」「未来の法話」「未来の納骨」等、テーマごとに研究会を設けて、これからの寺院のエコシステムについて研究・開発を行っていきます。もし本書の第二弾が出るとしたら「未来の仏教ラボ」の成果報告となるかもしれません。

最後に、障がいや病気をもつ子どもと家族のための場づくりを行っている勝林寺の窪田充栄さんの言葉を引用させていただきます。

「全国にたくさんあるお寺が、勝林寺のようにそれぞれの抱える課題に対して何か一つ取り組むことができれば、それは社会を支える大きな力になるだろう」

私も本当に、そう思います。自分が未来の住職塾の運営に携わり、光明寺での体験や関係性を伝えていくことで、全国のお寺にたくさんの「出番」がうまれ、お寺を「居場所」とする人を増やせるかもしれない。そう考えて、最初の年から未来の住職塾の事務局を担わせてもらいました。それから七年が経ち、こうして各地の「お寺の居場所」を見渡した時に、当時予感した「社会を支える大きな力」の輪郭が、稜線のようにぼんやりと浮かんで見えています。この大きな山が幻と消えぬよう「未来の住職塾ＮＥＸＴ」で個々の寺院の経営や場づくりを支え、「未来の仏教ラボ」では組織の壁を越えてお互いの強みを出し合うコレクティブ・インパクトのアプローチにより、寺院そして社会の「自他の抜苦与楽」に貢献していきたいです。

遠藤卓也

未来の住職塾について

2012年に始まった未来の住職塾は600名を超える僧侶や寺族が学び、それぞれ自坊の計画書を作り上げてきました。本書で紹介している事例の多くは、未来の住職塾での学びを活かして挑戦を続けている、塾生の寺院です。

寺院を取り巻く環境は大きく変化しています。2019年に「未来の住職塾NEXT」として一新されたプログラムでは、計画の実行力や宗教者としてのリーダーシップを養うカリキュラムを加え、計画書も拡張性の高いフォーマットへと進化。また、塾生コミュニティでの交流やセミナーも充実化をはかり、寺院の将来において重要と思われる個別テーマは「未来の仏教ラボ」にて掘り下げていきます。塾生と共に調査・研究した内容はレポート化して共有。最新の情報に触れられる体制を目指します。

そして、一番大切なことはやはり地域や宗派を越えて助け合える仲間の輪が広がっていくこと。本書を通して未来の住職塾に興味を持たれた方は、ぜひホームページからアクセスをお待ちしています。

未来の住職塾ホームページ http://www.mirai-j.net/

松本紹圭（まつもと・しょうけい）

一般社団法人未来の住職塾 塾長

1979年北海道生まれ。東京神谷町・光明寺僧侶。世界経済フォーラム（ダボス会議）Young Global Leader。武蔵野大学客員准教授。東京大学文学部哲学科卒。2010年、ロータリー財団国際親善奨学生としてインド商科大学院（ISB）でMBA取得。2012年、住職向けのお寺経営塾「未来の住職塾」を開講し、7年間で600名以上の宗派や地域を超えた若手僧侶の卒業生を輩出。『お坊さんが教える心が整う掃除の本』（ディスカバートゥエンティワン）他、著書多数。お寺の朝掃除の会「Temple Morning」の情報はツイッター（@shoukeim）にて。

遠藤卓也（えんどう・たくや）

一般社団法人未来の住職塾 理事

1980年東京生まれ。立教大学卒業後、IT企業で働く傍ら2003年より東京神谷町・光明寺にて「お寺の音楽会誰そ彼」を主催。10年以上続く活動において、地域に根ざしたお寺の「場づくり」に大きな可能性を感じ、2012年より住職向けのお寺経営塾「未来の住職塾」の運営に携わる。「お寺の広報」をテーマとする講演・研修や、お寺のHP・パンフレット制作などを手がける。また、音楽会やマルシェなどお寺での様々な「場づくり」もサポートする。

地域とともに未来をひらく
お寺という場のつくりかた

2019年9月25日　第1版第1刷発行

著　者　松本紹圭・遠藤卓也

発行者　前田裕資
発行所　株式会社 学芸出版社
〒600-8216　京都市下京区木津屋橋通西洞院東入
電話 075-343-0811
http://www.gakugei-pub.jp/
E-mail info@gakugei-pub.jp
編集担当　岩﨑健一郎

DTP　KOTO DESIGN Inc.　山本剛史　萩野克美
装　丁　フルハウス
印　刷　イチダ写真製版
製　本　山崎紙工

ISBN 978-4-7615-2716-7